그토록 힘들던 인간관계가
술술 풀리기 시작했다

그토록 힘들던 인간관계가 술술 풀리기 시작했다

비치키 지음

M mindself

우리는 살면서 많은 사람들과 관계를 맺습니다. 이 과정에서 기쁨과 행복을 느낄 때도 있지만, 어려움과 고통을 겪기도 합니다.

인간관계는 우리의 삶을 풍요롭게 하지만, 동시에 큰 스트레스의 원인이 되기도 합니다. 그렇다면, 인간관계를 스트레스의 원인이 아닌, 나에게 기회와 인연을 선물해 주는 특별한 무기로 만들려면 어떻게 해야 할까요?

《그토록 힘들던 인간관계가 술술 풀리기 시작했다》는 간결함과 실용성을 중시합니다. 또한 쉽고 빠르게 이해할 수 있는 구체적인 방법을 제시합니다. 1~3장에서는 대화법, 인간관계, 멘탈 관리에 관한 실용적인 기술을 다루고, 마지막 4장에서는 남녀 간의 생각 차이를 탐구하며 서로를 더 깊이 이해할 수 있는 기회를 제공합니다. 단순히 이론에서만 머무르지 않고, 바로 적용할 수 있는 방법들로 가득 차 있어 여러분의 실질적인 변화를 도와줍니다.

이 책은 각 장마다 적절한 예시를 통해 독자들이 쉽게 공감하고 따라 할 수 있도록 구성되었습니다. 이 과정에서 사람을 끌어당기는 대화법과 외면받는 대화법의 차이를 이해하고, 인간관계에서 자주 발생하는 갈등을 효과적으로 해결하는 방법을 배우게 될 것입니다. 또한 멘탈 관리의 중요성을 깨닫고, 자신을 더욱 단단하게 만드는 전략도 익힐 수 있습니다. 이 책이 여러분의 인간관계 문제 해결에 실질적인 도움이 되기를 소망합니다.

- 비치키

CONTENTS

2. 인간 관계

3. 멘탈 관리

4. 해석 남녀

1

대화의 기술

사람과 사람을 이어주는 대화.
진정한 관계는 말에서 시작한다.

말하기의 기본 원칙
연설 화법 vs 대화법

노래를 잘하는 사람은 노래방에서 매력적이다. 스포츠를 잘하는 사람은 경기장에서 매력적이다. 하지만 말을 잘하는 사람은 일상에서 매력적이다. 그만큼 화술은 당신의 인생을 전반적으로 가치 있게 만들어 줄 엄청난 무기가 되어줄 것이다.

말을 잘하고 싶은 마음에 서점에 들러 화술서를 읽거나, 유튜브를 통해 말 잘하는 방법을 찾아본 적이 있는가? 시중에는 다양한 화술 관련 지식이 넘쳐난다. 하지만 의외로 많은 사람이 놓치고 있는 부분이 있다.

큰 틀에서 화술은 두 가지로 나뉜다. '연설 화법'과 '대화법'. 이 둘은 정반대의 성향을 가진다. 그렇기 때문에 정말 주의해야 한다. 연설 화법이 필요한 순간에 대화법을 구사하거나, 대화법이 필요한 순간에 연설 화법을 구사한다면 정반대의 효과가 난다. 그러므로 화술을 배우기 이전에, 연설 화법과 대화법의 차이를 분명히 알아둘 필요가 있다.

⋯ 연설 화법　　　【 다수의 사람을 설득하기 위한 화법 】

청중의 신뢰를 얻고 리더십 있는 모습을 보이고 싶은가? 그렇다면 연설 화법을 활용하는 것이 좋다. 연설 화법의 핵심은 확언確言하고 단언斷言하는 태도다.

확신에 찬 목소리로 단정 지어 말하면 신뢰감이 생긴다.

예를 들어, 국회의원이 선거 연설에서 확신 없는 태도로 공약을 발표한다면 어떨까? 전혀 미덥지 않을 것이다. 청중에게 리더십 있고 신뢰 가는 모습을 보여주려면 확언하고 단언할 줄 알아야 한다. 확신이 없어도 불안감을 감추는 것이 중요하다. 나

중에 틀리더라도 당장은 자신감 넘치는 태도를 가지는 것이 좋다. 당장의 설득력을 가지고 싶다면 말이다. 원래 군중은 물러터진 리더보다는 강한 리더에게 끌리는 법이다.

⋯ 대화법　　　　　　　　　【 소수의 마음을 얻기 위한 화법 】

확언하고 단언하는 연설 화법과 정반대되는 개념이 대화법이다. 대화법의 핵심은 질문과 경청이다. 자기 주장은 줄이고 상대방의 의견에 귀 기울일 줄 알아야 한다. 상대가 편하게 대답할수 있도록 질문하고, 묵묵히 경청하며 맞장구친다. 나와 반대되는 의견도 이해하는 태도를 가져야 한다.

대화할 때조차 연설 화법을 사용하면 곤란하다. 대화 중에 확언과 단언을 남발하면 상대는 당신을 독불장군으로 생각할 것이다. 대화할 때만큼은 내 주장보다는 상대에게 관심을 돌릴 줄 알아야 한다. 물론 쉽진 않다. 남의 이야기를 듣는 것이 결코 즐거운 일은 아니기 때문이다. 그럼에도 불구하고 의식적으로 노력해야 한다. 왜냐하면 '대화력'을 가진 사람에게는 언제나 어떤 형태로든 보상이 따르기 때문이다.

그래서 결론

✔ **헷갈리면 큰일나는 두 가지 종류의 화법**

① **연설 화법**: 확언하고 단언하는 태도가 중요하다.

② **대화법**: 질문하고 경청하는 태도가 중요하다.

가장 활용도 높은
실전 화술 두 가지

어떤 말을 하더라도 조리 있게 말을 잘하는 사람이 있다. 마치 대본이라도 써놓은 것처럼 논리정연한 그들의 언변에 감탄이 나올 정도다. 그런데 한 가지 궁금한 점이 있다. 그들의 탁월한 말재주는 타고나는 걸까? 아니다. 꼭 그렇지만은 않다. 말재주를 타고난 사람도 있지만, 누구나 조리 있게 말할 수 있다. 몇 가지 기술만 익히면 누구나 눈에 띄는 변화를 경험할 것이다. 이번 챕터에서는 가장 활용도가 높은 실전 화술 두 가지를 알아보겠다.

💬 두괄식 표현

두괄식 표현은 말의 핵심을 가장 먼저 얘기하는 표현법이다. 이는 핵심을 마지막에 얘기하는 미괄식 표현과 반대되는 개념이다. 곧바로 말하는 능력을 향상시키고 싶다면 두괄식 표현을 사용해야 한다. 두괄식 표현이 월등하게 전달력이 뛰어나기 때문이다.

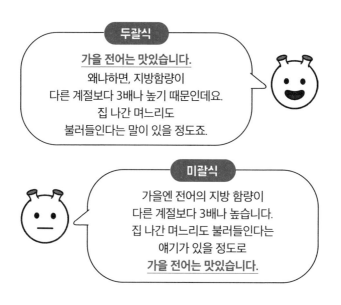

두괄식

가을 전어는 맛있습니다.
왜냐하면, 지방함량이
다른 계절보다 3배나 높기 때문인데요.
집 나간 며느리도
불러들인다는 말이 있을 정도죠.

미괄식

가을엔 전어의 지방 함량이
다른 계절보다 3배나 높습니다.
집 나간 며느리도 불러들인다는
얘기가 있을 정도로
가을 전어는 맛있습니다.

두괄식 표현은 핵심을 먼저 말하고 부연 설명을 하기 때문에 듣는 입장에서는 훨씬 이해하기 쉽고 피로감도 덜하다.

반면에, 미괄식 표현은 이해하기 쉽지 않고 다소 피로감을 느낄 수 있다. 이는 핵심을 마지막에 얘기하기 때문에 집중해야 하기 때문이다. '지금 무슨 얘기를 하려는 거지?' 파악하면서 들어야 한다. 물론, 화자가 입담이 좋다면 긴장감을 끝까지 유지하여 몰입도를 높이는 효과도 있다.

하지만 아직 말재주가 부족하다면, 일단은 핵심부터 말하는 것이 좋다. 청자가 덜 집중해도 당신의 말을 이해할 수 있도록 말이다.

💬 '왜냐하면' 활용하기

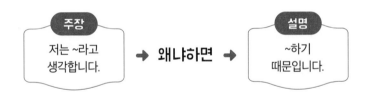

어떤 말이든 '왜냐하면'을 활용하면 웬만해서는 논리적으로 들린다. 왜냐하면 인간의 뇌는 내용보다 형식에 초점을 맞추는 경향이 있기 때문이다. 쉽게 말해 인간은 '왜냐하면'이라는 단어를 듣는 순간, 자세한 내용을 듣지 않아도 그 뒤의 내용이 일단 합당하리라고 착각한다.

우선 "저는 ~라고 생각합니다."라고 핵심부터 말한다. 그런
다음 "왜냐하면"이라고 하며 그 이유를 설명한다. 이러한 구조
만 갖춰서 말해도, 말의 내용과는 상관없이 전보다 훨씬 설득력
있고 논리적으로 들린다. 왜냐하면 인간은 '왜냐하면'이라는 말
만 들어도 일단 논리적일 것이라고 착각하기 때문이다.

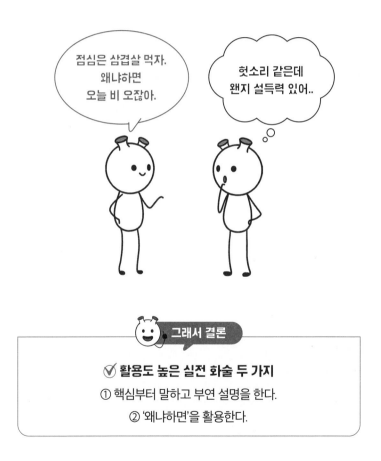

그래서 결론

✔ 활용도 높은 실전 화술 두 가지

① 핵심부터 말하고 부연 설명을 한다.

② '왜냐하면'을 활용한다.

곧바로 조리있게
말하는 방법

해변가에서 모래성을 만들어 본 적이 있는가? 당신이 조소과가
아니라면 멋진 모래성을 만들기란 쉽지 않을 것이다. 정교한 손
기술과 미적인 감각이 필요하기 때문이다. 하지만 유치원생도
멋진 모래성을 만들 수 있다. 심지어 한 개도 아닌, 수십 개를 말
이다. 천재인 걸까? 아니다. 모래성 틀을 가지고 있으면 유치원
생도 멋진 모래성을 만들 수 있다. 말하기도 똑같다. 틀만 있으
면 모래성을 무한대로 찍어낼 수 있는 것처럼 '말의 틀'을 가지
고 있으면 누구든 구조적인 말하기를 할 수 있다. 이번 챕터에서

는 가장 활용성이 좋은 말의 틀, 'P-R-E-P의 법칙'에 관하여 알아보겠다.

💬 P-R-E-P의 법칙
【 Point- Reason-Example-Point 】

순서대로 주장-설명-예시-주장 패턴이다. 눈치 빠른 사람은 이미 알아챘을 것이다. 이는 앞서 설명한 '두괄식 표현'과 '왜냐하면 활용하기'의 연장선이다. 그렇다면 지금부터 P-R-E-P프렙을 쉽게 이해하기 위해 한 가지 예시를 들어보겠다.

"탕수육은 부먹(소스를 부어 먹는 취향)이다."라고 주장하는 사람이 있다고 상상해 보자. 이 말에 공감하는 사람이 많지는 않을 것이다. 하지만 프렙PREP을 활용하면 제법 설득력이 생길 것이다.

주장(Point)

가장 먼저 내가 말하고자 하는 핵심 주장을 이야기한다.

저는 ~라고 생각합니다.

설명(Reason)

핵심 주장을 말한 다음, 내가 왜 그런 생각을 했는지 이유를 설
명한다.

왜냐하면 탕수육의 원조인
중국에선 고기에 소스를
볶아먹는 요리를 탕수육이라고
하기 때문입니다.

왜냐하면 ~하기 때문입니다.

나의 주장을 뒷받침할 적절한 예시나 사례를 들어준다.

실전TIP

예를 들어~

4단계 **주장(Point)**

끝으로 핵심 주장을 다시 한 번 강조하며 마무리한다.

실전TIP

그러므로 ~입니다.

 **그래서 결론**

☑ **곧바로 조리있게 말하는 방법**

모래성 틀로 멋진 모래성을 손쉽게 찍어내는 것처럼,
말의 틀을 가지고 있으면 언제든 조리 있게 말할 수 있다.

무의식중에 호감을 얻는
실전 화술 두 가지

사람의 마음은 참 미묘하다. 한 사람에 대한 호감도는 정말 사소한 차이 때문에 달라진다. 물론 외모가 준수하면 쉽게 호감을 얻는다. 하지만 외모가 준수하지 않아도 끌리는 사람이 있다. 반대로 외모는 괜찮은데 왠지 끌리지 않는 사람도 있다. 이번 챕터에서는 무의식중에 상대의 호감을 얻는 실전 화술 두 가지를 알아보겠다.

💬 사소한 의견에 동의하기

사람은 은연중에 자신과 비슷한 상대에게 끌린다. 때론 내가 가지지 못한 면에 끌릴 때도 있지만, 보통은 나와 비슷한 상대에게 호감을 느낀다. 학연, 지연, 혈연이 괜히 있는 게 아니다. 하지만 학연, 지연, 혈연은 내가 의도한다고 맞힐 수 있는 영역이 아니다. 그럼에도 불구하고 상대와 내가 비슷한 면이 있다고 어필하고 싶다면 상대방의 사소한 의견에 동의하면 된다. 이는 무의식중에 상대에게 동질감을 줄 수 있는 간단하지만 유용한 기술이다.

만약 상대가 "오늘 너무 덥지 않아요?"라고 사소한 의견을 제시한다면 "그런가요? 저는 괜찮은데요."라고 대답할 수 있을 것이다. 실제로 덥지 않다고 느꼈으니 말이다. 하지만 가급적이면 "그러게요, 오늘 날씨가 좀 많이 덥네요."라고 상대의 사소한 의견에 동의해 주는 것이 좋다.

또 다른 예시로, 함께 영화를 관람했는데 상대가 "너무 지루하지 않았어요?"라고 사소한 의견을 말했다면 "제가 보기엔 명작인데요."라고 굳이 반박할 필요는 없다. 우선 "그러게요. 좀 지루한 감이 있었어요."라며 상대방 의견에 동의해주고, 그 다음에는 "그래도 나름 괜찮게 봤어요."라고 내 생각을 말해도 늦지 않다. 별것 아닌 것처럼 보여도 이러한 사소한 차이가 무의식적으로 당신을 '통하는 게 많은 사람'으로 만들어 준다.

💬 인사할 땐 '하나 더하기'

인사는 인간관계의 시작이다. 아직 친한 관계가 아니더라도 누구나 부담 없이 인사를 건넬 수 있기 때문이다. 인사는 예절의 기본이며, 상대에게 호감을 드러내는 표시가 될 수 있다. 그러나 매우 짧은 형태의 대화인 인사만으로는 상대와 친밀감을 쌓기에는 부족한 감이 있다. 그런데 짧은 인사만으로도 무의식적으로 상대와 친밀감을 높이는 방법이 있다는 사실을 알고 있는가?

예를 들어, 아직 친하지 않은 후배가 인사할 때, 당신은 "어, 그래 안녕."이라는 형식적인 대답을 할 것이다. 물론 문제될 건 없다. 하지만 상대와 친밀감을 높이고 싶다면 형식적인 인사 A에

+α를 하는 것이 좋다.

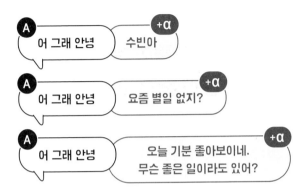

　+α 는 상대의 이름이 될 수 있고, 근황을 묻는 안부가 될 수도 있으며, 오늘 기분이 좋아 보인다는 농담이 될 수도 있다. 형식적인 인사에 부담 없는 '하나 더하기'를 추가하는 것만으로도 상대는 당신을 친근하고 다정한 사람으로 느끼게 할 것이다. 그뿐만 아니라 다음 대화로 이어가기 수월해진다는 장점도 있다.

 그래서 결론

✅ 무의식중에 상대의 호감을 얻는 실전 화술 두 가지
① 상대가 사소한 의견을 낸다면 가급적 동의하는 것이 좋다.
② 인사를 나눌 때는 부담 없는 한 마디를 덧붙인다.

사람을 홀리게 만드는
실전 화술 세 가지

설득력 있게 말하는 사람은 오직 '말발' 하나로 원하는 모든 것을 얻는다. 그들의 말을 듣다 보면 어느새 홀린 듯 행동하고 있는 자신을 발견하게 된다. 그런데 이런 설득력 있는 말재주는 타고나야만 가질 수 있는 걸까? 이번 챕터에서는 무의식 중에 사람을 홀리게 만드는 실전 화술 세 가지를 알아보겠다.

⋯ 공백 이론

사람을 궁금해 미치게 만드는 방법이 무엇인지 아는가? 그 방법은 바로 상대와 나 사이에 '지식의 공백'을 만드는 것이다. 카네기멜론 대학의 행동 경제학자 조지 로윈스타인George Lowenstein에 따르면, 인간은 어떤 대상을 75% 정도 알고 있는데 나머지 25%를 모를 때 호기심이 극에 달한다고 한다. 간단한 예시로 유명인의 사생활에 사람들이 관심이 많은 이유가 지식의 공백이 발생했기 때문이다. 이처럼 내가 이미 잘 아는 대상의, 내가 아직 모르는 빈 공간에서 호기심과 궁금증이 발생한다.

사람을 홀릴 줄 아는 입담꾼들은 이 점을 잘 이용한다. 예를 들면, 베테랑 헬스트레이너는 회원에게 "하체는 스쿼트가 답인 거 알고 계시죠?"라며 이미 당신은 A를 알고 있다고 인지시킨다. 그런 다음, "그런데 딱 한 가지만 더하면 완벽한 하체 루틴이 완성되는데 그게 뭔지 아시나요?"라며 당신이 아직 모르는 +a가 있다고 지식의 공백을 자극하여 상대의 호기심을 자극한다.

⦿ 편승 효과 【Bandwagon effect】

제품을 구입하거나 영화를 예매할 때, 별점 리뷰를 참고한 적이 있을 것이다. 타인의 평가는 내가 무언가를 판단하는 데 큰 영향을 미친다. 내 취향은 아니지만, 남들이 괜찮다고 하면 왠지 좋아 보인다. 왜냐하면 인간은 사회적인 동물이기 때문이다.

평범한 식당이라도 '맛집으로 유명한', '~가 추천한'이라는 수식어가 붙는 순간, 꼭 가보고 싶은 식당이 된다. 남들이 인정했으니 그만한 이유가 있으리라 생각하기 때문이다. 이러한 인간의 심리를 입담꾼이 놓칠 리 없다. 그들은 설득력을 높이기 위해 타인의 평가를 활용한다.

물론, 편승효과를 악용하는 사기꾼도 많다. 맛집이 아닌데 맛집처럼 꾸밀 수 있다. 싸구려 제품을 근사하게 탈바꿈시킬 수도 있다. 하지만 본질이 별로인데 편승효과로 거짓을 꾸며내면, 언젠가는 밑천이 드러나고 만다. 그러니 타인을 속이려는 목적이 아닌, 오직 사실을 더욱 매력적으로 보이게 하기 위해 편승효과를 활용하는 것이 좋다.

💬 유사성의 법칙

사람은 자신과 비슷한 상대에게 끌리는 본능이 있다. 이전 챕터의 '하나 더하기' 또한 이를 활용한 기술이다. 당연하게도 사람을 홀릴 줄 아는 입담꾼들은 이점을 놓치지 않는다. 그들은 적극적으로 상대와 유사한 점을 어필하여 호감을 얻는다.

상대의 사소한 습관부터 가치관, 심지어 행동까지도 재빨리 파악하여 비슷하게 행동한다. 예를 들어, 상대가 술을 마시고 곧바로 물을 마시는 습관이 있다면 똑같이 따라 마신다. 상대가 남녀 사이에 친구는 존재할 수 없다고 말하면, 자신도 같은 가치관을 가지고 있다고 말한다. 서로 비슷한 구석이 많은 사람이 되는 것이다. 그렇게 닮은 구석이 많은 존재가 되면 상대의 신뢰와 호감을 얻기가 훨씬 수월해진다. 물론, 눈에 띄도록 어설프게 활용하여 티가 난다면 역효과를 낳을 수도 있다.

같은 물이라도 소가 마시면 우유가 되고, 뱀이 마시면 독이 된다. 이번 챕터에서 소개한 인간 심리를 기반으로 한 실전 화술은 잘 활용하면 설득력 좋은 입담꾼이 될 수 있지만, 악용하면 사기꾼이 될 뿐이다.

그래서 결론

✓ 사람을 홀리게 하는 세 가지 화법
① 상대가 이미 잘 아는 대상에 아직 모르는 부분을 자극한다.
② 다수의 사람이 인정했음을 어필한다.
③ 행동 가치관, 습관 등 상대와 유사하게 행동한다.

남자가 모르는
여자의 대화법 두 가지

대화에는 두 가지 기능이 있다.

첫째는 '정보 교환'의 기능이다. 인간은 대화를 통해서 정보를 주고받는다. 정보 교환식 대화에는 목적성이 있다. 타인의 말을 통해 내가 필요한 정보를 얻고, 타인이 필요한 정보를 내가 전달할 수도 있다.

둘째는 '감정 교류'의 기능이다. 인간이 꼭 목적을 가지고 대화를 나누는 것은 아니다. 우리는 목적성 없이도 대화를 나눈다. 무언가 정보를 교환하기 위해서가 아니라, 타인과 교류하기 위해 대화한다. 대화를 통해서 상대방과 정서적 교감을 한다.

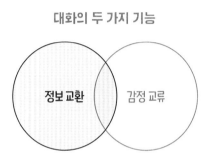

대화의 두 가지 기능

안타깝게도 대부분의 남성은 정보 교환식 대화는 잘하지만, 감정 교류식 대화에는 서툴다. 많은 여성이 남성과 대화할 때 단절감을 느끼는 이유가 여기에 있다. 남성이 대화를 정보 교환의 용도로만 사용하고 있으니 단조로울 수밖에 없다. 그렇기 때문에 대화의 두 가지 기능을 모두 활용할 수 있는 남성, 즉 대화가 잘 통하는 남성은 희귀하고 매력적이다. 이번 챕터에서는 가장 쉽고 빠르게 감정 교류식 대화를 할 수 있는 두 가지 대화법을 알아보겠다.

💬 따라 말하고, 다음 질문

대화의 핵심은 경청이다. 하지만 경청을 잘하기 위해서는 좋은 질문이 선행되어야 한다. 상대방이 편하게 대답할 수 있도록 질문을 해야 한다. 마치 취조하듯 질문하여 '정보 교환식' 대화를 이어가면, 결코 분위기가 고조되지 않는다.

예시1 정보 교환식 대화

> 너는 취미가 뭐야?

> 운동하는 거 좋아해.

> 어떤 운동?

> 크로스핏하고 있어.

> 그거 완전 힘들지 않아?

> 응 진짜 죽을만큼 힘들어.
> 그래도 재미있어.

> 그렇구나.
> 나도 한번 해보고 싶다.

위 대화는 정보 교환식 대화에 익숙한 사람의 전형적인 모습이다. 대화를 이끌기 위해 질문하는 것은 좋다. 하지만 지루할 수 있다. 질문만 계속해서는 대화가 저절로 고조되지 않는다. 감정 교류가 되어야 대화가 고조된다. 하지만 감정 교류식 대화를 어떻게 해야 할지 모를 수 있다. 왜냐하면 감정 교류식 대화에 익숙하지 않기 때문이다. 그렇다면 '상대의 대답을 따라 말하고, 다음 질문하기'부터 시작해 보길 추천한다.

예시 2 감정 교류식 대화

질문에 상대가 대답하면, 그 대답을 한 번 따라 말하고 다음 질문으로 이어가면 된다. 단순히 상대의 대답을 한 번 짚고 다음으로 넘어가는 것만으로도 상대방은 '지금 이 사람이 내 말을 들어주고 있구나.'라는 인상을 받는다. 이렇게 하면 대화의 단절감을 크게 줄일 수 있다. 그로 인해 정보만 주고받는 딱딱했던 대화가 한결 부드럽고 다채로워질 것이다.

⊙ 과정을 칭찬하기

칭찬은 고래도 춤추게 한다. 그만큼 칭찬은 상대의 호감을 얻는 최고의 대화술이다. 하지만 대부분의 남성이 모르는 비밀이 있다. 칭찬에도 두 가지 종류가 있다. 그러나 대체로 남성은 한 가지 종류의 칭찬만 한다. 이는 반쪽짜리 대화에 이어 반쪽짜리 칭찬을 하는 셈이다.

두 가지 종류의 칭찬

성과를 칭찬하기
ex) BTS는 전례없는 엄청난 성과를 이룬 월드 클래스야.
정말 대단해.

과정을 칭찬하기
ex) BTS는 월드 클래스가 되기까지 엄청난 노력을 했어.
정말 대단해.

대체로 남성은 '성과'에 초점을 맞춘 칭찬을 한다. 이는 남

성과 칭찬   노력 칭찬

성이 '목표 지향적'인 성향을 가지고 있기 때문이다. 예를 들어, BTS가 대단한 이유는 그들이 엄청난 성과를 이룬 월드클래스이기 때문이다. 하지만 여성은 성과뿐만 아니라 다른 측면에서도 큰 울림을 느낀다. BTS가 대단한 이유는 그들의 엄청난 성과도 한몫하지만, 여성들은, BTS가 그 위치에 오르기까지 겪었던 험난한 과정 속, 그들이 했던 '노력'에 남성보다 더 큰 울림을 느낀다. 이는 대체로 여성이 '과정 지향적'인 성향을 가지고 있기 때문이다. 그렇기에 여성에게 칭찬을 할 때는 상대가 이룬 성과

뿐만 아니라 그 성과를 이루기까지의 과정, 즉 노력까지 함께 칭찬하는 것이 좋다.

그래서 결론

☑ **대부분의 남자가 모르는 여자의 대화법**

① **정보 교환 + 감정 교류** (대답을 따라 말하고, 다음 질문하기)

② **성과 + 과정** (성과 뿐만 아니라 노력까지 칭찬하기)

나의 가치를 높여 줄
리더십 화법 두 가지

CEO가 아니더라도 리더십은 꼭 필요한 능력이다. 학교에서든, 직장에서든 누구나 타인을 이끌어야 할 순간이 찾아오기때문이다.

리더에게 꼭 필요한 능력 중 하나는 '합리적인 명령'을 하는것이다. 필연적으로 리더는 명령하는 존재다. 하지만 명령하기란 쉬운 일이 아니다. 왜냐하면 인간은 타인에게 간섭받기 싫어하고, 자기 스스로 결정하고 싶어하기 때문이다. 누군가 자신에게 이래라 저래라 명령하는 것을 좋아할 리 없다. 그럼에도 불구하고 리더는 명령해야 한다. 만만하게 보여서 구성원에게 휘둘리지 않아야 하고, 반대로 강압적인 독재자가 되지 않고 합리적인 명령을 할 줄 알아야 한다. 이번 챕터에서는 합리적인 명령으로 구성원에게 동기부여를 주는 리더십 화법 두 가지를 알아보겠다.

💬 부가 의문문

타인에게 역할을 부여할 때, "윤서가 A를 맡아줘." "민호는 B를 해줬으면 좋겠어."라고 통보하듯 명령하는 리더가 있다. 이렇게 역할을 부여하면 당사자는 의욕을 상실할 수 있다. 누군가 시켜서 하는 일에는 의욕이 생기지 않고, 책임감을 느끼지 않는 것이 인간의 본성이다. 그렇기 때문에 해당 업무에 불만이 없더라도 통보받는 기분이 들면 수동적인 자세를 취할 확률이 높다.

반면, 같은 업무라도 내가 결정하고 판단하여 시작한 업무는 훨씬 더 의욕적으로 느껴진다. 인간의 심리가 그러하다. 탁월한 리더십을 가진 리더는 이러한 인간의 심리를 이용할 줄 안다. 상대에게 역할이나 업무를 지시하되, 당사자가 본인 스스로 판단한 것처럼 느껴지게 만들어야 한다. 방법은 간단하다. 말투만 바꿔도 놀라운 변화를 경험할 수 있다. 명령조가 아닌 '부가 의문문'을 활용하는 것만으로도 상대의 의욕을 꺾지 않으면서도 분

부가 의문문

명령어 + "~어떻게 생각해?"
ex) 윤서가 A를 맡아줬으면 하는데 어떻게 생각해?

명령어 + "~그래도 될까?"
ex) 민호가 B를 해줬으면 하는데 그래도 될까?

윤서가 A를 맡아주고, 민호가 B를 해주면 돼.

윤서가 A를 맡아줬으면 좋겠는데 어떻게 생각해?

민호가 B를 해줬으면 하는데 그래도 될까?

명하게 지시할 수 있다.

명령어 뒤에 "~어떻게 생각해?" 혹은 "~그래도 될까?"와 같은 상대의 의견을 묻는 질문을 덧붙인다. 이렇게 하면 분위기가 한결 부드러워진다. 일방적으로 통보하는 리더에서 함께 결정하는 리더가 된다.

또한 한 가지 팁을 주자면, 상대가 가진 능력이 해당 업무를 수행하는 데 있어서 꼭 필요하다고 이야기하는 것이 좋다. 그러면 상대는 그 누구보다 최선을 다할 것이다. 나의 능력이 꼭 필요한 업무라면, 그 어느 때보다 의욕이 불타오를 것이기 때문이다.

💬 현실 묘사 후 지시하기

본인이 맡은 역할에 자신 없어 불안해하는 팀원이 있다면, 그런 팀원에게 자신감을 주려면 어떻게 해야 할까? 아마 대부분 조언이나 격려를 할 것이다. 하지만 프로젝트를 성공적으로 이끌어야 하는 책임이 있는 리더라면, 조언과 격려만으로는 부족하다. 팀원이 불안감을 떨치고 곧바로 자신감을 얻을 수 있도록 도와야 한다. 어떻게 말인가? '현실 묘사 후 지시하기'로 자신감을 잃은 후배에게 자신감을 줄 수 있다. 그것도 무의식중에 말이다.

이는 실제 최면 치료에 사용되는 최면 기법이다. 다음의 최면사가 하는 말을 듣고, 무의식중에 인간의 감정이 어떻게 이끌려가

현실 묘사후 지시하기

당신은 의자에 앉아 있습니다.(진실)
등도 의자에 기대어 있습니다.(진실)
이제 당신의 마음은 편안해 집니다.(근거없음)

는지 살펴보겠다.

실제로 당신이 의자에 기대어 앉아, 최면 치료를 받고 있다고 상상해 보자. 그렇다면 "당신은 의자에 앉아 있습니다."라는 최면사의 말은 부정할 수 없는 사실이 된다. "등도 의자에 기대어 있습니다." 또한 사실이다. 하지만 의자에 등을 기대어 앉아 있다고 저절로 마음이 편안해지는 것은 아니다. 하지만 당신은 편안한 상태가 되었을 것이다. 왜냐하면 앞의 두 문장이 부정할 수 없는 사실이라 세 번째 문장도 자연스럽게 사실로 받아들였기 때문이다.

이처럼 우리 인간의 뇌는 생각보다 단순하다. 불안감에 떨고 있는 상대에게 무의식 중에 자신감을 주고 싶다면, 우선 부정할

수 없는 사실들을 나열하고 마지막에 상대가 느꼈으면 하는 감정을 얘기하면 된다. 그러면 상대방은 본인도 모르게 당신이 말한 대로 감정을 느낄 것이다.

✅ 리더십 있는 사람의 두 가지 화법
① 명령어 뒤에 상대의 의사를 묻는 말을 덧붙인다.
② 부정할 수 없는 사실을 나열한 뒤, 상대가 느꼈으면 하는 감정을 지시한다.

말 예쁘게 하는 사람의
세 가지 화법

어딜 가서든 말만 예쁘게 하면 대접받으며, 사람의 격이 달라진다. 반면에 왠지 기분 나쁘게 말하는 사람은 늘 외면받기 일쑤다. 이번 챕터에서는 어디서든 환영받을 수 있는, 예쁘게 말하는 세 가지 방법을 알아보겠다.

⋯ 청유형 말투

특이한 취향이 아닌 이상, 타인에게 명령받는 것을 좋아하는 사람은 없다. 하지만 대부분의 사람이 타인에게 부탁할 때, "~해.", "~해줘.", "~해주세요."와 같은 명령조로 말한다. 청자의 입장에서 명령조 말투를 들으면 왠지 기분 나쁜 인상을 받는다. 그렇기 때문에 "~해줄 수 있어?"와 같은 청유형 말투로 부탁하는 것이 좋다.

명령조 vs 청유형

창문 좀 닫아줘. ✖   창문 좀 닫아 줄 수 있어? ⭕
운전 좀 해줘. ✖   운전 좀 해줄 수 있어? ⭕
메뉴판 주세요. ✖   메뉴판 주실 수 있나요? ⭕

당신은 어떤 말투를 가진 사람에게 끌리는가? 나에게 이래라 저래라 명령하기보다는, 정중하고 예의 있게 부탁하는 사람에게 더 끌리게 될 것이다. 따라서, 상대에게 무례하지 않고 다정다감한 인상을 주고 싶다면, 명령조 말투를 지양하고 청유형 말투로 부탁하는 습관을 들이는 것이 좋다.

💬 콤플렉스에 공감하지 않기

대화에서 경청만큼 중요한 것은 '공감'이다. 이는 대화가 단순히 정보 교환의 역할을 할 뿐만 아니라 감정 교류를 위한 도구이기 때문이다. 그러나 상대방이 말하는 모든 것에 공감할 필요는 없다. 특히 상대가 자신의 콤플렉스를 이야기할 때는 굳이 공감할 필요가 없다. 이런 경우, 적당히 부정하거나 침묵해도 된다. 아니면 콤플렉스를 장점으로 바꾸어 말해도 좋다.

콤플렉스에는 양면성이 있다. 특히 성격 콤플렉스는 더욱 양면성을 가진다. 소심한 성격은 세심한 성격이 될 수 있고, 급한 성격은 추진력이 좋은 사람이 될 수 있다. 외모 콤플렉스 또한 양면성을 가진다. 작은 눈은 수수하고 매력적인 눈이 될 수 있고, 통통한 볼살은 귀여운 볼살이 될 수 있다.

이처럼 단점이라고 생각했던 콤플렉스도 충분히 장점이 될 수 있다. 말을 예쁘게 하는 사람은 이 사실을 잘 알고 있다. 그래서 상대가 "나는 너무 소심해."라고 콤플렉스를 털어놓으면, "소심하기보다는 세심한 편이지. 나는 세심하지 못해서 실수를 많이 하는데."라며 오히려 상대의 콤플렉스를 장점으로 승화시킨다.

물론 모든 콤플렉스를 장점으로 바꾸라는 뜻은 아니다. 경우에 따라서는 도저히 장점이 될 수 없는 콤플렉스도 있다. 그러니 눈치껏 판단하여 상대의 콤플렉스를 좋은 방향으로 해석할 수 있다면, 그것을 장점으로 바꿔 말해주는 것이 좋다.

💬 긍정 탐구형 말투

상대와 친밀감을 높이는 대화 방법 중 하나는 '반대편에 서지 않기'다. 이 방법은 특히 반항적인 상대에게 효과적이다. 예를 들어, 스마트폰을 많이 사용한다고 상담실에 온 사춘기 소녀를 상상해 보자. 이 소녀는 반항심이 극에 달한 상태다. 왜냐하면 자신은 스마트폰을 그리 오래 사용하지 않는데, 엄마가 자신을 스마트폰 중독 상담까지 받게 한 것이 과도하다고 생각하기 때문

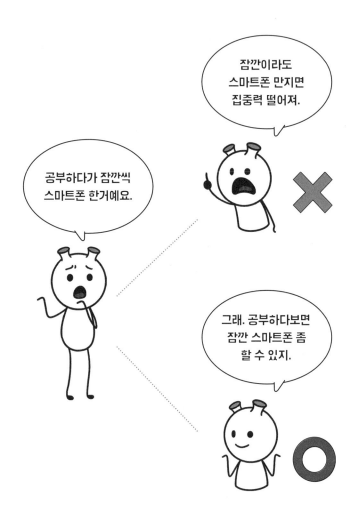

이다. 이런 상황에서 베테랑 상담사는 소녀를 어떻게 대할까?

베테랑 상담사는 "공부하다 보면 스마트폰 좀 할 수도 있는 거 아니니?"라며 소녀의 입장에 공감했다. 이어서 "얘기 들어보니 그렇게 오래 하는 것도 아니던데, 어머니가 걱정이 좀 많으신 것 같아. 그치?"라며 소녀의 편에서 적극적으로 동의해줬다. 그러자 반항적이었던 소녀는 상담사의 태도에 차츰 마음을 열기 시작했다. 왜냐하면 상담사가 자기 편이라고 생각했기 때문이다.

항상 어른들은 소녀에게 잔소리만 했는데, 상담사는 소녀에게 잘못이 없다고 말한 것이다. 그러자 놀라운 일이 일어났다. 소녀가 "그래도 고3인데 제가 스마트폰을 좀 많이 하긴 하죠."라며 본인의 문제를 스스로 자각한 것이다. 만약 상담사가 소녀의 편에 서지 않았더라면 이런 변화가 있었을까?

그래서 결론

✅ 말 예쁘게 하는 사람의 세 가지 화법
① 명령조가 아닌 "~해줄 수 있어?"와 같이 청유형으로 말한다.
② 상대의 콤플렉스를 장점으로 바꿔 말한다.
③ 반항적인 상대에겐 우선 아군이 되어준다.

언성 높이지 않고
말싸움 이기는 세 가지 스킬

가급적 말싸움은 피하는 것이 상책이다. 그러나 때로는 자신의 입장을 분명하게 표현할 줄도 알아야 한다. 불합리한 상황에서는 맞서 싸워야 한다. 하지만 이는 언성을 높이며 감정적으로 싸우라는 뜻은 아니다. 큰 소리를 내지 않고도 말싸움에서 원하는 바를 얻는 방법이 있다. 이번 챕터에서는 상대와 싸우지 않고 이기는 말싸움 스킬 세 가지를 알아보겠다.

💬 가장 유혹적인 단어 '우리'

사회학자 유지 와인스틴Eugene Weinstein과 폴 도이치버거Paul Deurschberger에 따르면 '우리'라는 단어는 가장 유혹적인 단어라고 한다. 이는 '우리'라는 단어가 상대와 내가 상호의존적인 관계임을 암시하기 때문이다. 따라서 '너'라는 표현을 사용하기보다는 '우리'라는 표현으로 바꿔 말하는 것이 좋다.

유혹적인 단어 '우리'

너 그 얘기 좀 더 해봐 ✖ **우리** 그 얘기 좀 더 해볼까? ⭕
너가 무심했잖아 ✖ **우리** 무심했잖아 ⭕

'너'라는 표현을 사용하면 너와 나, 즉 상대와 나 사이에 선이 그어지게 된다. 반면 '우리'라는 표현은 상대와 내가 문제 상황을 함께 해결할 상호의존적인 관계임을 암시한다. 이 미묘한 차이는 상대의 적대심을 효과적으로 줄여준다.

💬 의견과 사실 구분하기

사소한 말다툼이 감정 싸움으로 번지는 가장 큰 이유는 개인적인 의견을 사실처럼 말하기 때문이다. 사람은 저마다 생각하는 것이 모두 다르다. 예를 들어, 어떤 사람은 SNS가 인생의 낭비라고 생각할 수 있다. 이 의견에 공감하는 사람도 많겠지만, 이는 절대적인 사실은 아니다.

SNS가 인생의 낭비일 수 있다. 하지만 무조건 그런 것만은 아니다. 많은 사람들이 SNS를 브랜딩과 마케팅에 활용하기 때문이다. SNS가 현대인에게 부정적인 영향을 끼친다는 점에는 동의할 수 있다. 그러나 그 말이 절대적인 진리인 것처럼 말하면 곤란하다. 아무리 일리 있는 말처럼 들려도, 그것은 개인의 의견일 뿐이다. 마치 부정할 수 없는 사실인 것처럼 말하면 원활한 대화가 이루어지기 어렵다. 따라서 의견을 말할 때는 "내 생각에는"이라고 운을 떼고 말하는 것이 좋다.

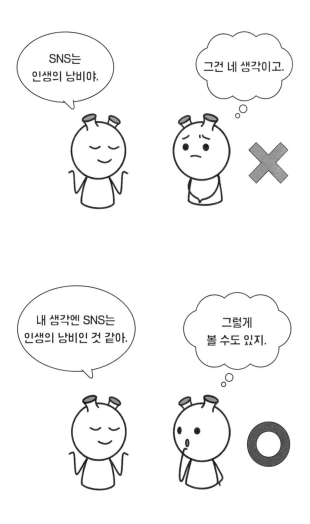

💬 반증 모색

말다툼을 할 때 가장 흔히 하는 실수는 상대를 가르치려 드는 것이다. 우리는 상대가 나처럼 생각하기를 바라며, 그래서 상대에게 생각을 바꾸라고 강요한다. 그러나 그럴수록 상대의 저항감만 커진다. 따라서 무작정 생각을 바꾸라고 강요하기보다는 상대가 스스로 본인의 생각이 틀렸을 수도 있다는 생각을 하게 만들어야 한다.

예를 들어, 당신의 절친한 친구가 사이비 종교에 빠졌다고 상상해 보자. 당신은 아무리 생각해도 친구의 행동이 납득되지 않는다. 하루라도 빨리 친구가 잘못된 생각을 고쳤으면 하는 생각뿐이다. 하지만 친구의 믿음은 확고하다.

아무리 설득해도 친구의 믿음이 쉽게 사라지지 않을 것 같다. 이런 상황에서는 친구에게 무작정 생각을 바꾸라고 강요하기보다는 '반증 모색'을 통해 친구의 믿음이 '틀릴 수도 있는 상황'을 상상하도록 유도해야 한다. 방법은 간단하다. "만약 이런 상황이라면 그땐 생각이 바뀔 것 같아?"라고 질문하여 상대방이 본인의 생각이 틀릴 상황을 상상하게 만드는 것이다.

상대가 그런 상황은 오지 않는다고 생각해도 좋다. 심지어 예시 상황을 "만약 외계인이 나타난다면~"처럼 비현실적으로 가정해도 상관없다. 그럼에도 상대가 자신의 생각이 틀릴 수도 있다는 상상을 하는 것만으로도 완고했던 믿음에 작은 균열이 생길 것이다. 그런 작은 틈이라도 있는 것이, 가능성이 아예 닫혀 있을 때보다는 훨씬 설득하기 수월해진다.

그래서 결론

☑ **언성 높이지 않고 말싸움 이기는 방법 세 가지**

① '너' 라고 표현하는 대신, '우리'라는 표현을 사용한다.

② 개인적인 의견을 사실처럼 말하지 않는다.

③ 상대가 자신의 믿음이 틀릴 상황을 직접 상상해 보도록 유도한다.

어색한 사람과
대화하는 세 가지 방법

어색한 분위기를 깨기 위해서, 혹은 상대와 가까워지고 싶은 마음에 억지로 대화를 이어가 본 적이 있는가? 이번 챕터에서는 아직 어색한 사이에서 활용하기 좋은, 어색함을 극복하는 대화 스킬 세 가지를 알아보겠다.

💬 대입법 代入法

어색한 상대와 대화할 때 고향이 어디인지, 형제자매가 있는지, 출신지가 어디인지 취조하듯 호구조사를 하고 있지 않은가? 어색한 분위기를 풀기 위해 뭐라도 말이 오고 가야 한다고 생각해 질문 공세를 퍼부었다면 당장 멈춰야 한다.

대신, 지금 당장 눈에 보이는 것을 대화 주제로 삼는 것이 좋다. 예를 들어, 주변에 강아지가 보인다면 "강아지가 귀엽네요. ○○씨는 반려동물을 좋아하세요?"와 같이 지금 이 자리에서 상대와 내가 함께 보고 있는 것을 대화 주제로 삼는 것이 좋다.

아직 어색한 사이에서는 너무 개인적인 주제로 대화를 나누기보다는, 지금 이 자리에서 함께 볼 수 있는 대화 주제가 훨씬 덜 부담스럽고 대화를 이끌어가기 쉽다. 따라서 어색한 상대와 어떤 이야기를 해야 할지 감이 오지 않는다면, 주변을 관찰하여 부담 없이 이야기할 수 있는 대화 주제를 찾는 것이 좋다.

순취법 循趣法

부담스럽지 않은 주제로 시작한 대화가 무르익기 시작했다면, 대화 주제를 상대의 관심사로 옮기는 것이 좋다. 누구나 자신의 관심 분야에 대해 이야기할 때는 자연스럽게 흥미를 느끼기 마련이다. 반면, 청소년에게 부동산 이야기를 하거나 중년 남성에게 아이돌 가십거리를 이야기하면 흥미를 끌기 쉽지 않을 것이다. 이는 그들의 관심 분야가 아니기 때문이다.

내가 잘 아는 분야나 내가 흥미롭다고 생각하는 주제에 관해 대화하기보다는, 상대의 관심사를 파악하고 그에 대해 대화하는 것이 좋다. 당신이 그 분야에 대해 전혀 몰라도 상관없다. 오히려 모르는 편이 더 나을 수도 있다. 배운다는 마음으로 질문하고 경청하면 된다. 그러면 상대는 최선을 다해 설명해줄 것이다.

인간은 자신이 잘 아는 정보를 타인에게 공유할 때 엄청난 만족감을 느끼는 존재이기 때문이다

 공유법 恭维法

앞선 대입법과 순취법을 활용하여 대화에 활기가 생기기 시작했다. 그러나 아직 부족한 느낌이 든다면, 대화를 더 흥미롭게 만들기 위해 상대를 치켜세워 보자. 방법은 매우 간단하다. 상대가 자신의 관심사에 대해 이야기할 때 경청하면서 "와, 정말요?", "전혀 생각 못했어요.", "그래서 어떻게 됐어요?", "정말 대단한데요?"와 같은 반응을 보여준다. 상대의 이야기가 매우 흥미롭다는 눈빛으로 말이다.

사람이 인생에서 가장 짜릿해하는 순간이 언제인지 아는가? 바로 어떤 사람 덕분에 자신이 중요한 사람이라고 느껴질 때이다. 그런 느낌을 줄 수 있는 가장 쉬운 방법이 경청과 맞장구라는 사실을 잊지 말자. 상대가 스스로를 중요한 사람이라고 느끼게 되면, 당신과 나눈 대화를 기분 좋은 특별한 순간으로 기억할 것이다.

그래서 결론

☑ **어색한 상대와 대화할 때, 유용한 대화 스킬 세 가지**
① 지금 눈에 보이는 것을 주제로 대화한다.
② 상대의 관심사에 대해 이야기한다.
③ 상대가 스스로 중요한 사람이라고 느끼도록 경청하고 맞장구친다.

지금 고치지 않으면
평생 손해보는 말버릇 두 가지

말실수 한 번으로 곤욕을 치른 적이 있는가? 또는 오랫동안 말싸움을 하다가 결국 상대와 같은 입장이라는 것을 깨닫고 괜한 감정 낭비만 했던 경험이 있는가? 이번 챕터에서는 말실수를 줄이고 의미 없는 말싸움을 피할 수 있는 두 가지 방법을 알아보겠다.

⋯ 상대의 말을 완성하지 않기

우리가 말실수를 하는 가장 큰 이유는 상대가 하려는 말을 내가 완성시키려 하기 때문이다. 인간은 분당 120개에서 150개의 단어를 말할 수 있다. 하지만 생각은 분당 600개에서 800개의 단어를 생각할 수 있다. 즉, 인간은 말하는 속도보다 생각하는 속도가 4~5배 가량 빠르다. 그렇기 때문에 상대가 말하는 도중에 대화를 끊고 끼어드는 실수를 한다.

예를 들어, 여자 친구가 심각한 표정으로 "아무리 생각해도 이건 꼭 말해야겠어."라며 운을 뗀다면, 무언가 찔리는 구석이 있는 남자 친구는 생각한다. '갑자기 왜 이러지? 혹시 잔다고 거짓말하고 몰래 놀러간 거 들킨 거 아니야? 어떻게 알았지? 그래, 철수가 말했겠지. 그 녀석을 믿는 게 아니었는데. 아무튼 의리라곤 쥐뿔만큼도 없는 녀석이라니까.' 결국, 남자는 자발적으로 자신의 잘못을 고백한다. 그러자 여자는 놀란 토끼 눈을 하고 말한다. "나는 너 눈썹 정리 좀 하라고 얘기하려던 거였는데." 남자는 뒤늦게 수습하려 하지만, 이미 때는 늦었다.

이처럼 우리가 대화에서 말실수를 하는 이유는 생각하는 속도가 말하는 속도보다 훨씬 빠르기 때문이다. 말실수를 줄이고 싶은가? 그렇다면 내가 생각하는 속도가 상대가 말하는 속도보다 4~5배 빠르다는 사실을 항상 인지해야 한다. 여유를 가지고 상대의 말을 끝까지 들어보는 인내심이 필요하다.

💬 용어 정의하기

얼핏 보면 생각 차이로 언쟁을 벌이는 것 같지만, 실제로는 용어의 의미를 다르게 이해해서 말싸움을 하는 경우가 많다. 이는 같은 대상이라도 사람마다 그 의미를 다르게 생각하기 때문이다.

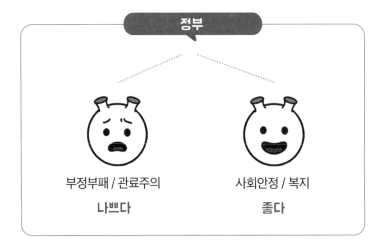

예를 들어, 어떤 이는 '정부'라는 용어를 부정부패나 관료주의 같은 부정적인 이미지로 받아들인다. 반면, 또 다른 사람은 정부를 사회 안정이나 복지 같은 긍정적인 이미지로 받아들인다. 그러니 단순히 정부가 좋다 나쁘다는 싸움은 의미가 없다. 왜냐하면 한쪽은 부패한 정부를 생각하고, 다른 한쪽은 사회 안정의 측면에서 정부를 생각하고 있기 때문이다.

따라서 말싸움을 하기 전에 용어 정의부터 할 필요가 있다. 용어 정의가 제대로 되지 않으면 오해가 생긴다. 두 사람 모두

부패한 정부는 척결하고, 사회 안정을 도모해야 한다는 공통된 생각을 가지고 있어도 말다툼을 하게 된다. 그렇기 때문에 상대가 사용하는 용어의 맥락을 파악하는 습관을 들여야 한다. 그러면 의미 없는 말싸움을 피할 수 있다.

그래서 결론

✔️ **지금 고치지 않으면 낭패를 볼 수 있는 말버릇 두 가지**

① 상대가 말하는 속도보다 내가 생각하는 속도가
빠르다는 사실을 인지한다. 앞질러 생각하지 말고,
상대방의 말을 끝까지 듣고 판단한다.

② 용어 정의를 먼저 한다. 생각하는 용어의 의미가 달라서
다투는 경우가 많다.

지루한 대화를
흥미롭게 만드는 스킬 두 가지

💬 **구·예·특**

질문과 대답이 오고 가지만 전혀 흥미롭지 않게 느껴지는 대화의 특징은 대화에 깊이감이 없다는 것이다. 대화에는 '폭'과 '깊이'라는 두 개의 벡터가 존재한다. [참고 자료1] 의 가로축 '폭'은 다양한 대화 주제를 뜻한다. 예를 들어, 취미, 영화, 음악 등의 다양한 주제가 있다. 하지만 깊이 없이 다양한 주제로 넘나들면 취조하듯 캐묻는 인상을 준다. 따라서 한 가지 주제에 대해 깊이 있게 들어갈 줄도 알아야 한다.

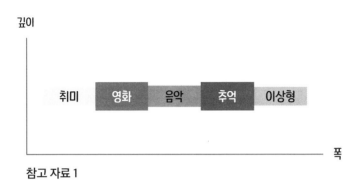

깊이

취미 영화 음악 추억 이상형

폭

참고 자료 1

[참고 자료2] 와 같이 한 가지 주제에 대해 어느 정도 깊이 있게 대화한 뒤, 다음 주제로 넘어가는 것이 좋다. 그렇다면 어떻게 해야 대화의 깊이감을 만들 수 있을까?

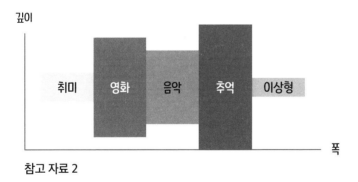

깊이

취미 영화 음악 추억 이상형

폭

참고 자료 2

대화의 깊이감을 만드는 방법은 간단하다. "구체적으로", "예를 들어", "특히" 이 세 가지를 활용하여, 해당 주제에 관해 상대가 자세히 말할 수 있도록 질문하면 된다.

깊이감 없는 대화

A: 제 인생 영화는 기생충이에요.

B: 그렇구나. 그럼 가장 좋아하는 노래는 뭐예요?

A: 딱 생각나는 곡은 없는데 주로 조용한 노래를 들어요.

B: 그렇군요. 혹시 팝송은 안 좋아하세요?

→ 대화 주제는 다양하지만 깊이감이 없다면, 이런 대화는 밋밋한 인상을 준다.

구·예·특 예시

A: 제 인생 영화는 기생충이에요.

B: 그렇구나. **구체적으로** 기생충의 어떤 점이 가장 인상적이셨어요?

→ 상대가 좀 더 자세한 이야기를 할 수 있게 해준다.

A: 저는 조용한 노래를 좋아해요.

B: 조용한 노래 중에서도 **예를 들어** 어떤 장르를 가장 좋아하세요?

→ 대화 주제를 특정 대상으로 한정지어 준다.

A: 보통 서정적인 발라드를 좋아해요.

B: 그 중에서도 **특히** 좋아하는 노래가 있나요?

→ 가장 인상적인 무언가를 이야기하게 할 수 있다.

위 대화는 간결하고 명확한 설명을 위해 많이 생략된 감이 있다. 실제 대화에서는 상황에 맞게 '구체적으로', '예를 들어', '특히'를 적절히 활용하여 대화의 깊이감을 만들기 바란다.

💬 단문장으로 말하기

매력적인 대화술의 핵심은 '경청'이다. 하지만 경청만큼이나 횡설수설하지 않고 말을 잘하는 것 또한 중요하다. 그러나 두서없이 장황하게 말하며, 말의 끝맺음이 없고 흡입력이 부족한 사람이 많다. 그런 사람들의 주요 특징 중 하나는 '문장의 길이'가 과하게 길다는 것이다.

> **장문장 예시**
>
> 민호랑 경희는 커플이고 민호에겐 동수라는 친구가 있었는데 동수가 경희한테 고백했어.

> **단문장 예시**
>
> 민호랑 경희는 커플이야. 민호에겐 동수라는 친구가 있었어. 근데 동수가 경희한테 고백했어.

문장을 짧게 끊어 말하는 습관을 들여야 한다. 같은 내용이라도 문장을 짧게 끊어서 말하면 전달력이 좋아진다. 한 문장 안에 여러 정보가 담긴 장문장은 이해하기 어렵다. 이는 아직 이전 정보가 처리되지 않았는데, 다음 정보를 계속 밀어붙이기 때문이다.

반면 단문장은 이해하기 쉽다. 문장당 한 가지 정보만 담고 있기 때문이다. 순서대로 하나씩 이해하면 된다. 단문장으로 말하는 습관을 들이기란 은근히 쉽지 않다. 처음엔 매우 어색할 것이다. 하지만 의식적으로 "~요." "~다." 처럼 마침표를 찍는 연습을 해야 한다.

단문장으로 말하기의 또 다른 장점은 말에 리듬감을 줄 수 있다는 것이다. 단문장이 익숙해지면 의도적으로 문장의 길이를 조절할 수 있다. 그러면 늘 같은 길이로 말할 때보다 훨씬 리듬감이 생겨 지루함이 현저하게 줄어든다.

그래서 결론

☑ **지루한 대화를 흥미롭게 만드는 대화 스킬 두 가지**

① "구체적으로", "예를 들어", "특히"를 활용하여
대화의 깊이감을 만든다.

② 짧은 문장으로 말하는 훈련을 통해 말의 리듬감을 키운다.

한층 친밀해지는
대화 주제 두 가지

어색한 상대와 대화를 하다가 '이제 무슨 얘기를 해야 하지?'라는 생각이 들며 대화 주제가 떨어져서 난처했던 적이 있는가? 이번 챕터에서는 아직 어색한 상대와 한층 더 친밀해질 수 있는 두 가지 대화 주제를 알아보겠다.

💬 평소 습관

대화 주제라고 하면 보통 여행, 영화, 음악, 음식, 취미 등의 '관심 분야'를 떠올린다. 물론 이러한 주제로 대화를 나누는 것만으로도 충분히 즐거운 시간이 될 수 있다. 하지만 아직 어색한 사이에서 계속해서 관심 분야에 대해서만 이야기하면, 깊이 없는 대화로 느껴질 수 있다. 왜냐하면 아직 친하지 않은 관계에서 대화는 상대와 내가 서로 어떤 사람인지 파악해 가는 과정이기 때문이다.

만약 낯선 상대와 '와인'이라는 공통의 관심사로 대화를 나누었다면, 그것만으로도 충분히 즐거운 대화였을 것이다. 하지만 이후에 기억에 남는 것은 와인을 좋아하는 사람과 대화를

나누었다는 사실뿐일 것이다. 덜 친한 사이에서 대화는 서로를 파악해 가는 과정이다. 그렇기 때문에 자신의 평소 성격을 보여 줄 수 있는 어떤 습관에 대해 이야기하거나, 상대에게 질문하는 것이 좋다.

저는 와인을 고를 때,
매번 새로운 와인을 도전해보는 편이에요.
제가 원래 호기심이 많은 성격이라서요.
○○씨는 어떤 편이세요?

와인을 좋아하는 사람
+
호기심이 많은 사람

각자의 평소 성격을 파악할 수 있는 습관을 대화 주제로 삼으면, 전보다 서로에 대해 더 많이 알게 되고 한층 가까워진 기분을 느낄 수 있다. 그러니 관심 분야에 대해서만 대화를 나누기보다는, 틈틈이 서로를 알아갈 수 있는 평소 습관을 대화 주제로 곁들이자.

💬 중첩 의문문

선뜻 말하기 힘든 개인적인 이야기로 대화를 나누면, 훨씬 빠른 속도로 친해질 수 있다는 사실을 아는가? 하지만 상대방이 말하기 곤란해하는데 무턱대고 질문할 수는 없는 노릇이다. 그렇기 때문에 상대방이 곤란해할 것 같은 질문은 중첩 의문문('해병대 질문법'으로 알려졌으나, 해당 이론과 의미가 같음으로 인용하였다)을 사용하는 것이 좋다.

중첩 의문문

"~를 물어봐도 될까요?"

ex) 나이가 어떻게 되시는지 여쭤봐도 될까요?

중첩 의문문은 "~를 여쭤봐도 될까요?"라고 상대에게 먼저 의사를 물어본다. 무례할 수도 있는 질문을 해도 되는지 확인하는 것이다. 그러면 상대방 입장에서는 곧바로 곤란한 질문을 받는 것보다 훨씬 정중하고 덜 무례한 인상을 받는다.

☑ 어색한 상대와 친밀해지는 대화주제 두 가지

① 평소 성격을 보여줄 수 있는 어떤 습관을 주제로 대화한다.

② 상대방이 곤란해할 것 같은 질문은 중첩 의문문을 사용한다.

2

인간 관계

사람의 마음을 얻는 기술.
매력적인 사람들의 숨겨진 비밀.

매력 넘치는 사람의
가장 핵심적인 비밀

큰 노력을 하지 않아도 어디서든 사랑받는 사람이 있다. 반면, 노력은 많이 하지만 외면받는 사람도 있다. 이번 챕터에서는 매력적인 사람의 가장 핵심적인 특징이 무엇인지 알아보겠다.

⊙ 부분 강화 효과 【Partial reinforcement】

사랑받고 싶다면 상대의 '부분 강화 효과'를 자극하라. 부분

강화 효과란 어떤 행동에 대한 보상이 확실할 때보다 예측할 수 없을 때 더욱 집착하게 되는 심리를 말한다. 인간이 도박에 빠지는 이유도 부분 강화 효과 때문이다.

도박은 예측할 수 없기 때문에 중독성이 강하다. 보상을 얻게 될지, 잃게 될지 아무도 모른다. 그렇기 때문에 기대감과 불안감이 동시에 느껴진다. 하지만 ATM에서 현금을 인출할 때 기대감과 불안감을 느끼는 사람은 없다. 언제나 예측할 수 있기 때문이다. 인간관계도 마찬가지다.

항상 잘해주는 ATM 같은 사람에게는 극적인 감정이 느껴지지 않는다. 예상이 가능하기 때문이다. 하지만 상대에게 적당히 잘해주는 사람은 다르다. 그들은 예측할 수 없는 룰렛과 같다.

예시 상황

> 대학생 왕대는 과선배인 혜정을 짝사랑했다. 왕대는 적극적으로 구애했지만, 혜정은 늘 바빴다. 약속을 잡기가 하늘의 별 따기와 같았다. 힘들게 약속을 잡더라도 갑작스럽게 바람맞기 일쑤였다. 약속이 펑크 나는 날이면 왕대는 절친한 친구인 희진을 찾았다. 언제나 희진은 그가 원하면 시간을 마련했다. 왜냐하면 희진은 왕대를 짝사랑했기 때문이다.

그러던 어느 날, 평소처럼 왕대는 혜정에게 바람맞고 희진을 찾았다. 하지만 희진은 더 이상 왕대의 부름에 응하지 않았다. 다른 약속이 있다며 왕대와 만나지 않았다. 왕대는 별생각 없이 '무슨 약속이 있나 보네.' 하고 넘겼다. 하지만 그다음에도 희진은 왕대가 찾는다고 자신의 시간을 마련하지 않았다. 그런 날들이 많아질수록 왕대의 시선은 계속 희진의 메신저 프로필 사진으로 향했다. '오늘도 시간 없으려나?'

왕대는 손톱을 물어뜯었다. 한참을 망설이다 결심한 듯, 희진에게 메시지 전송 버튼을 눌렀다. 적막한 시간이 흘렀다. 분명 시간은 흐르고 있는데 말풍선 옆의 '1'은 사라지지 않았다. 그는 깊고 무거운 한숨을 내쉬었다. 그러던 그때, 희진에게 답장이 왔다. 오늘은 시간이 되어서 만날 수 있다고 한다. 왕대는 헉 하고 숨을 몰아쉬었다. 희진에게 답장이 온 지 1분도 되지 않아서 곧바로 환희에 찬 답장을 보냈다. 혜정의 메시지는 몇 시간 동안 읽지 않았으면서 말이다. 그 시각 혜정은 평소와 달리 대화창의 '1'이 사라지지 않는 것을 보며 고개를 갸우뚱했다.

어설픈 밀당을 하라는 말이 아니다. 또한 타인에게 배려와 헌신을 하지 말라는 의미도 절대 아니다. 그보다는 과도하게 자기 자신을 희생하며 타인을 위한 삶을 살지 말자는 의미다. 언제나 나를 위한 선택, 나를 위한 결정, 나를 위한 행동도 할 줄 알아야 한다. 노력은 노력대로 하고 따분한 ATM과 같은 존재가 되고 싶지 않다면 말이다.

꼭 기억하길 바란다. 타인을 위한 배려와 헌신은 행해지는 것이 아니라, 내가 주도적으로 행하는 것이다.

그래서 결론

✅ **매력적인 사람의 핵심 비밀**
사람은 예측할 수 없을 때 더욱 끌리는 법이다.
상대에게 모든 것을 맞추려 하지 말고 나를 위한 삶을 살자.
배려와 헌신도 내가 스스로 행하는 것이다.

평범해도 분위기 있는
사람의 세 가지 특징

외모가 특출나지 않아도 묘하게 훈훈한 분위기를 풍기는 사람들이 있다. 도대체 무엇이 다르길래 그들에겐 특별한 분위기가 있는 걸까? 이번 챕터에서는 외모가 평범해도 훈훈한 사람들의 세 가지 특징을 알아보겠다.

⊙ 바른 자세

근육질의 몸매가 아니더라도 자세만 바르면 그 사람의 인상이 달라진다. 자세가 올바른 사람에게서는 자신감과 여유가 느껴진다. 실제로 2017년 미국 오하이오 주립대학의 연구에서는, 바른 자세가 사람의 자신감을 증가시킬 수 있다는 결과를 발표하기도 했다.

직접 한번 상상해 보라. 움츠린 어깨, 굽은 허리와 거북목을 가진 사람과 꼿꼿한 자세를 유지하는 사람. 다른 조건이 비슷하다면 당신은 두 사람 중 어떤 사람에게 더 큰 호감을 느낄까? 고민할 것도 없이 후자일 것이다. 바른 자세는 그 사람의 인상을 결정하는 매우 중요한 요소다.

그렇다면 어떻게 해야 바른 자세를 가질 수 있을까? 방법은 다양하다. 폼롤러를 사용하여 스트레칭을 할 수도 있고, 웨이트 트레이닝으로 자세를 교정할 수도 있다. 하지만 이보다 더 간단한 방법으로는 '벽에 일자로 서기'가 있다.

패션 모델이자 대한민국 굴지의 패션 모델 기획사 에스팀 ESteem에서 모델 워킹 수업을 담당했던 이선기 씨는 모델 지망

생을 위한 수업에서 가장 먼저 '벽에 일자로 서기'를 트레이닝했다. 즉, 올곧은 자세가 생명인 모델이 되기 위한 첫 번째 과제가 '벽에 일자로 서기'인 셈이다.

'벽에 일자로 서기' 올바른 자세

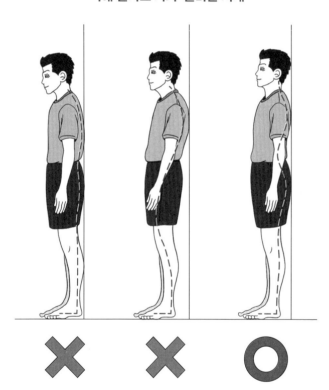

벽에 기대어 선 다음, 가슴을 활짝 펴고 뒷통수, 등, 엉덩이를 벽에 밀착시킨다. 그런 다음 가운데 손가락을 허벅지 중앙의 바지 봉제선에 올려 놓는다. 누군가 위에서 정수리를 당기는 느낌으로 일자로 곧게 선다.

언뜻 보면 쉬울 것 같지만, 직접 해보면 단 1분 만에 착각이었다는 것을 깨닫게 된다. 땀으로 온몸을 흠뻑 적시고, 심한 경우 현기증까지 느낄 수 있다. 그동안 편하지만 구부정한 자세로 살아왔던 자신을 원망할 것이다. 하루에 한 번, 짧게는 1분에서 길게는 5분까지 벽에 일자로 서기를 추천한다.

💬 좋은 목소리

타고난 목소리 톤을 바꾸기는 쉽지 않다. 하지만 현재의 톤에서 발성과 발음만 교정해도 훨씬 안정적이고 매력적인 목소리를 가질 수 있다. 세상에는 다양한 발성과 발음 교정법이 존재한다. 이러한 교정법들에는 공통된 이론이 있다. 성우 학원, 스피치 클래스, 동영상 강의, 책 등 다양한 교육 방법을 통해 배워도, 모든 곳에서 동일하게 가르치는 핵심적인 발성법과 발음법이 있다.

지금부터 가장 핵심적인 발성법과 발음법을 각각 한 가지씩 소개하겠다. 확신하건대, 이 두 가지 스킬만 익혀도 발성 및 발음 교정법에서 가장 중요한 포인트를 터득한 것이다.

하품 발성법

① 턱선 바로 아래에 있는 '복숭아 씨앗' 같은 후두를 엄지와 검지로 가볍게 잡는다.

② 하품을 한다. 그러면 후두가 내려감과 동시에 입안에 공간이 생긴다.

③ 후두를 내린 상태에서 말을 해본다.

→ 처음에는 다소 어색한 소리가 나올 것이다. 하지만 후두를 내리고 입안에 공명을 만드는 감을 익히면, 점차 자연스럽고 단단한 소리가 나올 것이다.

하품 발성법의 목적은 '계속 후두를 내리고 있기'가 아니다. 핵심은 '후두가 올라가지 않도록 내리는 힘'을 기르는 것이다.

인간은 후두를 올려주는 근육이 11개인 반면, 후두를 내려주는 근육은 고작 3개뿐이다. 그래서 크게 말하거나 고음역대의 소리를 내면 후두가 올라간다. 후두가 올라가면 성대가 조여지면서 좋지 않은 소리가 나고 성대에 무리가 간다. 그렇기 때문에 의식적으로 후두를 내려서 성대가 조여지지 않도록 주의해야 한다.

후두를 내려 목의 길을 열어준다면 좋은 발성과 성대 관리를 동시에 할 수 있어 일거양득이다. 후두 내리기를 처음 하면 다소 어색한 목소리가 나올 수 있다. 하지만 점차 후두를 내리는 감을 익히면 어느 순간 단단하고 울림 있는 소리를 내는 자신을 발견하게 될 것이다.

발성 교정법에 '하품 발성법'이 있다면, 발음 교정법에는 '모음 발음 훈련법'이 있다. 발음이 정확해지기를 원한다면 가장 우선적으로 모음 발음부터 훈련하는 걸 추천한다. 단시간에 확연한 변화를 느낄 수 있을 것이다.

모음 발음 훈련법

① 문장은 자음과 모음으로 이루어져 있다.
② 발음이 좋아지려면, 모음 발음에 특별히 신경 써야 한다.
③ 한 문장에서 모음만 따로 발음하는 훈련을 한다.
ex) "안녕하세요. 반갑습니다" → "아여아에요. 아아으이아"

한글 문장은 자음과 모음으로 이루어져 있다. 발음이 좋아지기 위해서는 자음 발음도 중요하지만, 먼저 모음 발음이 정확해야 한다.

모음 발음을 개선하기 위한 방법으로는 '한 문장에서 모음만 발음하기' 훈련법이 있다. 예를 들어 "안녕하세요. 반갑습니다"라는 문장에서 모음만 분리하여 "아 여 아 에 요. 아 아 으 이 아"라고 모음만 발음한다. 이때 한 문장을 모음만 세 번 반복해서 발음한다. 여기서 중요한 것은 한 글자 한 글자 입을 크게 벌려 또박또박 정확하게 발음하는 것이다. 그런 다음 자음까지 포함하여 완전한 문장을 발음해 본다. 그러면 발음의 변화를 체감할 수 있을 것이다. 왜냐하면 모음 발음만 정확해도 전체적인 발음이 좋게 들리기 때문이다.

모음 발음에 관한 유용한 팁이 한 가지 더 있다. 바로 '이중모음'을 정확하게 발음하는 방법이다.

이중모음 발음법

야 ➜ 이+아   웨 ➜ 우+에

와 ➜ 오+아   의 ➜ 으+이

단모음: ㅏ, ㅐ, ㅓ, ㅔ, ㅗ, ㅚ, ㅜ, ㅟ, ㅡ, ㅣ   10개
이중 모음: ㅑ, ㅒ, ㅕ, ㅖ, ㅘ, ㅙ, ㅛ, ㅝ, ㅞ, ㅠ, ㅢ   11개

모음은 단모음과 이중 모음으로 나뉜다. 단모음은 소리를 낼 때 입술이나 혀가 고정되어 움직이지 않는 모음이다. 하지만 이중 모음은 입술의 모양이나 혀의 위치가 처음과 나중이 달라지는 모음이다. 예를 들어 '위'는 '우'와 '이' 발음을 빠르게 연결하여 발음한다. 이때 입 모양에 주의해 보자. '우'는 입술을 앞으로 쭉 내밀며 발음한다. '이'는 입꼬리를 양옆으로 살짝 벌려서 발음한다. 그렇기 때문에 '위'를 발음할 때는 입술을 앞으로 쭉 내밀었다가 빠르게 양옆으로 벌려서 발음해야 정확하다. 이처럼 이중 모음을 발음할 때는 앞모음과 뒷모음을 정확하고 빠르게 이어서 발음하는 것에 신경 써야 한다.

⊙ 자기 존중

어딘가 특별한 분위기를 풍기는 사람들의 공통점은 자신을 존중할 줄 안다는 것이다. 나조차 나 자신을 존중하지 않는데 타인이 나를 존중해 주길 바라는 것은 욕심이다. 타인에게 존중받는 매력적인 사람이 되고 싶다면, 가장 먼저 나부터 나 자신을 존중하고 함부로 대하지 말아야 한다. 나 스스로를 존중하는 방법은 다소 어렵게 느껴질 수 있다. 하지만 방법은 의외로 간단하다.

우선 별거 아닌 일에 너무 자책하지 않아야 한다. 인간은 누구나 실수한다. 인생은 원래 실수를 통해 배우고 성장하는 과정이다. 그러니 별거 아닌 일에 기죽지 말고 그 실수를 통해 무엇을 얻을 수 있을지에 초점을 맞추어야 한다.

또한 타인과 비교하는 데 많은 시간을 쓰지 않아야 한다. 내가 가지지 못한 타인의 장점을 시기하거나 질투하며 자신을 부족한 사람 취급하는 것만큼 멍청한 짓은 없다.

이 세상에 나라는 사람은 한 명뿐이지만, 타인은 수십 억 명이다. 당연히 내가 가지지 못한 것을 '타인 집단'이 가지고 있을 확률이 높다. 그러니 쓸데없는 비교에 아까운 시간과 감정을 낭비하지 말자. 자신을 존중하라. 아직 부족한 부분이 있더라도 무궁무진하게 성장할 수 있는 자신을 믿어야 한다.

살아갈 날들이 살아온 날보다 더 눈부실 나를 존중해야 한다. 스스로 자신을 존중하면 놀라운 변화가 생긴다. 어느 순간 타인에게도 존중받는 사람이 되어 있을 것이다. 왜냐하면 자신을 막 대하지 않는 사람에게는 함부로 대할 수 없는 아우라가 생기기 때문이다.

 그래서 결론

✅ **평범해도 매력적인 사람의 세 가지 특징**
① 자세가 바른 사람에게서는 자신감과 여유로움이 느껴진다.
② 좋은 목소리는 상대의 신뢰와 호감을 얻는 강력한 무기다.
③ 자신을 존중할 줄 아는 사람에게는 무시할 수 없는
특유의 분위기가 있다.

본능적으로 매력적인
사람의 세 가지 특징

특별히 뛰어나지 않지만, 어쩐지 매력적으로 느껴지는 사람이 있다. 그런 사람에게는 도대체 어떤 비밀이 있는 것일까? 이번 챕터에서는 외모, 재력, 재능, 언변을 떠나서 지금 내가 가진 조건에서 더욱 나를 매력적인 사람으로 만들어주는 세 가지 방법을 알아보겠다.

💬 메라비언의 법칙　　　【 The Law of Mehrabian 】

캘리포니아 대학 UCLA 심리학과 명예 교수인 앨버트 메라비언Albert Mehrabian은 1971년에 출간한 저서《침묵의 메시지》에서 한 사람의 첫인상을 결정짓는 요소가 무엇인지 알 수 있는 연구 결과를 발표했다.

누군가와 첫 대면하여 대화를 나눌 때, 대체로 우리는 상대의 목소리에 38%, 보디랭귀지에 55%(표정 35%, 태도 20%), 대화 내용에 7%의 비율로 영향을 받는다. 즉, 매력적인 커뮤니케이션에 있어서 목소리나 표정, 제스처와 같은 비언어적 요소가 중요하다는 의미다.

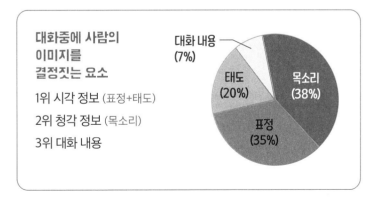

대화중에 사람의
이미지를
결정짓는 요소

1위 시각 정보 (표정+태도)
2위 청각 정보 (목소리)
3위 대화 내용

대화 내용 (7%)
태도 (20%)
목소리 (38%)
표정 (35%)

대화 중, 한 사람의 이미지를 결정짓는 가장 중요한 요소는 시각 정보(55%)다. 시각 정보는 다시 표정(35%)과 태도(20%)로 나뉜다. 대화에서 표정은 굉장히 큰 영향력을 가진다. 표정이 좋고 나쁨에 따라서 한 사람의 인상이 좌우된다. (물론, 모든 대화 상황에 적용된다고 일반화할 수는 없다.)

어떤 표정이 상대에게 호감을 줄 수 있을까? 당신은 이미 답을 알고 있다. 당연하게도 호감을 주는 표정은 미소를 짓는 것이다. "웃는 얼굴에 침 못 뱉는다."는 속담도 있듯이, 미소 띤 얼굴은 사람의 마음을 여는 힘이 있다. 그래서 누군가에게 호감을 얻기 위해 미소를 지어본 경험이 있을 것이다. 하지만 생각보다 사람들은 진짜 미소를 짓지 못한다. 제대로 된 '진짜 미소'를 말이다. 그저 어색하게 입만 웃는 '가짜 미소'를 짓곤 한다. 필자도 이에 해당된다. 그렇기 때문에 틈틈이 눈까지 함께 웃는 진짜 미소를 짓는 연습을 한다. 서비스직에 종사하지 않더라도 누구나 웃는 연습을 할 필요가 있다고 생각한다. 왜냐하면 인간은 상대의 표정을 흉내 내거나 자신의 감정에 반영하려는 습성이 있기 때문이다. 내가 기분 좋은 미소를 지으면 은연중에 상대에게 좋은 기운이 전달된다. 언제나 만나면 즐겁고 유쾌한 사람이 되고 싶은가? 그렇다면 눈까지 함께 웃는 진짜 미소를 연습해 두길 바란다.

💬 프루스트 효과　　　　　　　　　　【 Proust Effect 】

나의 이미지를 결정짓는 중요한 요소 중 하나인데, 많이들 간과
하는 요소가 있다. 그것은 바로 후각 정보다. 향기나 냄새는 우
리가 생각하는 것보다 훨씬 강력한 힘을 가지고 있다. 왜냐하면
후각적 자극은 강렬한 기억과 감정을 일으키기 때문이다.

　향기를 통한 기억은 그 기억을 경험할 때 느꼈던 감정을 선
명히 떠오르게 하는 힘이 있다. "흔들리는 꽃들 속에서 네 샴푸
향이 느껴진 거야"라는 노래도 있듯이, 후각적 자극은 누군가를
떠올리게 하는 강력한 계기가 된다. 왜냐하면 인간의 후각 수용
체가 장기 기억과 감정을 일으키기 때문이다. 그래서 나만의 향

수, 바디로션, 섬유유연제가 있는 사람은 오래 기억되기 쉽다. 물론, 몸에서 악취가 난다면 좋지 못한 이미지로 오래 기억될 수 있다.

💬 에펠탑 효과　　　　　　　　【 Eiffel Tower Effect 】

외모, 재력, 재능, 입담 등, 지금 가진 조건에서 더욱 매력적인 사람이 되고 싶은가? 그렇다면 우선 '자주 보는 사람'이 되어야 한다. 처음엔 관심 없던 대상이라도 반복적으로 계속 보다 보면 어느 순간 호감이 생긴다. 한 가지 예시로 프랑스 파리의 에펠탑이 있다.

에펠탑은 처음 건설된 1889년에는 흉물스럽다는 이유로 파리 시민에게 외면받았다. 20년 뒤에 철거한다는 조건으로 겨우 완공될 정도였다. 에펠탑은 애물단지였다. 그 거대한 고철탑은 파리 시내 어디에서나 눈에 띄었다. 파리 시민들은 아름다운 거리의 풍경을 망친다고 불만을 토로했다. 하지만 놀라운 반전이 일어났다. 에펠탑에 부정적인 감정을 가지고 있던 시민들도 어쩔 수 없이 에펠탑을 계속 보다 보니 조금씩 애정이 생기기 시작한 것이다.

어느새 20년이란 세월이 흘러 약속했던 에펠탑 철거일이 되었다. 과연 에펠탑의 운명은 어떻게 되었을까? 알다시피 에펠탑은 지금까지도 그 자리에 남아 있다. 애물단지 고철탑은 이제 파리의 자랑이자, 파리를 대표하는 얼굴이 되어 오늘도 파리 시민들을 넘어 전 세계에서 사랑받고 있다.

우리 인간도 똑같다. 처음엔 무관심하거나 심지어 부정적인 감정을 가진 상대라도 계속 보다 보면 정이 들기 마련이다. 친해지고 싶은 누군가가 있다면 조급한 마음에 섣부른 행동은 금물이다. 여유를 가지고 차분한 마음으로 우선은 자주 보이는 익숙한 사람이 되는 것이 중요하다.

 **그래서 결론**

✅ **같은 조건에서도 더 매력적인 사람이 되는 세 가지 방법**

① 눈과 입이 함께 웃는 '진짜 미소'를 연습한다.

② 나만의 좋은 향기를 가진다.

③ 자주 보는 익숙한 사람이 된다.

자심감 있어 보이는
두 가지 방법

자신감 있는 사람은 언제나 매력적이다. 또한 자신감 있는 사람은 타인의 신뢰를 얻기 쉽고, 함부로 무시받는 일도 적다. 친구 관계에서든, 연인 관계에서든, 비즈니스 관계에서든 자신감 있는 모습을 보여주는 것만으로 그 사람의 가치는 높아진다. 단지 자신감만 생겼을 뿐인데 말이다. 이번 챕터에서는 자신감 있어 보이는 방법 두 가지를 알아보겠다.

💬 모드전환 아이 콘택법

타인의 눈을 똑바로 응시하지 못하면 자신감이 결여되어 보인다. 하지만 대체로 한국인은 다른 사람의 눈을 똑바로 쳐다보지 못한다. 눈을 보며 대화하는 서양 문화권과 달리, 한국에서는 상대의 눈을 쳐다보는 아이 콘택이 부담스러운 게 사실이다. 그럼에도 우리는 아이 콘택에 능숙해져야 한다. 왜냐하면 아이 콘택만큼 자신감 있어 보이는 방법도 없기 때문이다.

아이 콘택하는 것이 부담스럽게 느껴진다면 '모드 전환 아이 콘택법'을 사용해 부담 없이 상황에 맞게 아이 콘택을 활용해 보자.

모드 전환 아이 콘택법		
Mode	강한 인상	다정한 인상
응시점	눈썹과 눈썹 사이	콧잔등

강한 인상 응시점　　　　다정한 인상 응시점

우선, 상대에게 강한 인상을 주고 싶다면 상대방의 눈썹과 눈썹 사이, 즉 미간 윗쪽을 보며 말한다. 그러면 자연스럽게 시선이 위로 향한다. 이는 당당한 인상을 주는 시선이다. 그러나 동시에 권위적인 인상도 줄 수 있으니 주의해야 한다.

다정한 인상을 주고 싶다면 상대의 콧잔등을 보며 말한다. 그러면 자연스럽게 시선이 아래로 내려온다. 이는 다정한 인상을 주는 시선이다. 대화 상대와 친밀감을 쌓고 싶다면 상대의 콧잔등을 보며 대화하는 것이 좋다.

주의할 점이 있다. 계속 아이 콘택을 하고 있을 필요는 없다. 오히려 상대가 부담스러워할 것이다. 그렇기 때문에 중요하지 않은 이야기를 할 때는 시선을 돌리며 간헐적으로 아이 콘택하는 요령이 필요하다.

🗨️ 인상 형성　　　　　【 Impression formation 】

자신감 있는 사람처럼 보이고 싶다면 첫인상이 중요하다. 왜냐하면 사람의 뇌는 처음 얻은 정보를 거리낌 없이 수용하지만, 그 이후에는 다른 정보가 들어와도 등한시하는 경향이 있기 때문이다. 심지어 처음에 형성된 이미지를 기준으로 그 사람이 하는 모든 행동을 멋대로 해석한다.

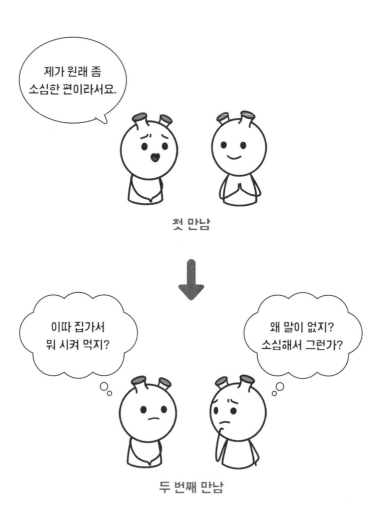

예를 들어, 첫 만남부터 자신을 소심한 편이라고 소개한 사람은 그 이미지가 형성되어 소심한 인상을 벗기까지 적지 않은 시간이 걸릴 것이다. 그러니 굳이 첫 만남부터 자신의 소심함을 자진해서 고백할 필요는 없다.

물론 나에게 없는 모습을 꾸며서 보여줄 필요도 없지만, 그럼에도 가급적 평소보다 용기 있고 여유로운 모습을 보여주는 것이 좋다. 그렇게 한 번 형성된 이미지는 그 다음에도 계속 영향을 줄 것이다. 원래 사람은 한 번 형성된 선입견을 쉽게 바꾸지 않는 존재이기 때문이다.

그래서 결론

✅ 자신감 있어 보이는 두 가지 방법

① 아이 콘택을 한다.
당당한 모습을 보이고 싶다면 상대의 미간 윗쪽을 본다.
반대로 부드러운 인상을
주고 싶다면 상대의 콧잔등을 본다.
② 첫 만남부터 자신의 소심한 성격을 고백하지 않는다.

착한데 만만하지 않은
사람의 두 가지 특징

사람이 너무 착하면 오히려 매력이 없다는 소리를 듣기도 한다. 이는 타인을 과도하게 배려하다 보면 자신의 주관을 잃기 때문이다. 그렇다면 자기 주관을 가지기 위해 일부러 나빠질 필요가 있을까? 아니다. 착하면서도 자기 주관이 뚜렷할 수 있다. 이번 챕터에서는 타인을 배려하면서도 자기 주관을 가지는 방법 두 가지를 알아보겠다.

💬 양자택일 효과

타인을 배려하는 마음은 중요하다. 하지만 자기 주관 없이 상대가 원하는 대로 모든 것을 맞추는 사람은 매력적이지 않다. 자기 주관이 없으면, 알맹이가 없는 존재처럼 느껴지기 때문이다.

수많은 영화나 드라마에서 통제 불능의 반항아 캐릭터가 매력적인 인물로 그려진다. 반항아 캐릭터가 매력적인 이유는 그들이 주관이 뚜렷하기 때문이다. 때로는 "이기적이다" 혹은 "배려심이 없다"고 손가락질을 받기도 하지만, 그들은 여전히 매력적이다.

그렇다고 무작정 따라 하면 곤란하다. 천성이 배려심 강한 사람이 갑자기 반항아의 모습을 보인다면, 어울리지 않는 옷을 입은 것처럼 이질감이 느껴질 것이다.

물론 타인을 배려하는 마음은 웬만해서는 옳다. 이는 좋은 자질이다. 단지 주관을 버려가면서 타인을 배려하는 것은 지양할 필요가 있다는 의미다. 언뜻 보면 배려와 주관은 반대되는 개념처럼 보인다. 하지만 타인을 배려하면서 동시에 자기 주관까지 챙기는 방법도 있다. 바로 '양자택일 효과'를 활용하는 것이다.

다양한 선택지 중에서 우선 1차로 내가 두 가지의 선택지를 결정한다. 그런 다음 상대에게 최종 선택을 양보한다. 그러면 상대와 나의 의견이 모두 반영된 결정을 할 수 있다. 만약 상대가 두 가지 선택지 모두 마음에 들지 않는다고 한다면, 역으로 상대가 두 가지 선택지를 정하고 내가 최종 결정을 한다.

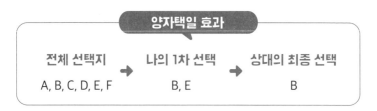

양자택일 효과

전체 선택지	나의 1차 선택	상대의 최종 선택
A, B, C, D, E, F	B, E	B

인간관계에서 '의사결정권'은 굉장히 중요하다. 동등한 관계에서 의사결정권이 한 사람에게 치우치면 결국 좋지 못한 결과를 초래할 수 있다. 상대와 내가 함께 결정하는 관계가 되어야 건강한 관계를 유지할 수 있다.

"그냥 선택지 B로 하자." ✖

"나는 다 좋아. 너가 하자는 대로 할게." ✖

"선택지 B와 D중에서 했으면 좋겠어." ⭕

⋯ 선솔직 후칭찬

칭찬은 고래도 춤추게 한다. 그만큼 칭찬은 상대의 기분을 좋게 만들어주는 신비의 묘약과 같다. 하지만 과유불급過猶不及이라는 말처럼 계속 칭찬만 늘어놓으면 진정성이 의심되고 오히려 부담스럽게 느껴질 수 있다. 그렇기 때문에 칭찬을 할 때는 처음엔 솔직하게 자신의 생각을 말하고, 그 다음에 칭찬을 해주는 것이 효과적이다.

심리학자 앨리엇 애런슨Elliot Aronsonr과 다윈 린더Darwyn Linde 는 가장 매혹적인 칭찬 방식을 탐구하는 흥미로운 실험을 진행했다. 연구진은 피험자에게 아래의 4가지 방식으로 피드백을 주고 그들의 반응을 살폈다.

가장 매혹적인 칭찬법은 무엇일까?

① 처음부터 끝까지 칭찬하기
② 처음엔 칭찬하지만, 중간부터 비난하기
③ 처음엔 비난하지만, 중간부터 칭찬하기
④ 처음부터 끝까지 비난하기

실험 결과, 피험자는 처음엔 비난을 듣다가 중간부터 칭찬을 들었을 때 가장 만족도가 높은 것으로 나타났다. 당연하게도 비난하기보다는 칭찬하는 것이 좋다. 하지만 무작정 칭찬을 퍼붓는 것보다는 솔직한 의견을 말한 다음에 칭찬을 덧붙이는 방식이 더 큰 만족감을 준다. 이는 칭찬의 무게가 달라지기 때문이다.

칭찬받는 것에 익숙해지면 감흥이 무뎌진다. 또한, 계속 칭찬하는 사람은 진정성까지 의심받는다. 그러나 자신의 의견을 거짓 없이 말하고 칭찬하는 사람은 다르다. 그들에게는 주관과 진정성이 느껴진다. 당신의 칭찬이 가볍게 느껴지지 않기를 원한다면, 솔직한 의견을 말한 다음에 칭찬하는 것이 좋다.

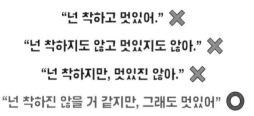

물론, 칭찬보다 과한 비난은 금물이다. 상대의 기분을 좋게 만들어 주는 것이 목적이라면 적당히 솔직한 의견을 말하고 후에 긍정적인 의견을 이야기해주는 것이 좋다.

그래서 결론

☑️ **배려심과 자기 주관을 모두 가지는 두 가지 방법**

① 자신의 주관대로 1차 선택을 한 후,
   상대방에게 두 가지 선택지를 준다

② 솔직한 의견을 말한 뒤, 칭찬을 덧붙인다.

허세가 심한 상대를
다루는 두 가지 방법

거의 모든 사람에게는 과시욕이 있다. 타인에게 인정받기를 원하고 남들보다 우월한 존재가 되고 싶어한다. 이는 당연한 본능이다. 하지만 그 정도가 필요 이상으로 심한 사람들이 있다. 그들은 누구보다 다루기 쉬운 존재들이다. 이번 챕터에서는 과시욕이 심한 사람을 다루는 두 가지 방법을 알아보겠다.

💬 관찰자 효과

과시욕이 심한 사람은 인정 욕구가 강하고 눈에 띄고 싶어하는 타입이다. 그렇기 때문에 그들을 인정해주고 박수쳐주면 그들의 욕망을 어느 정도 충족시켜줄 수 있다. 하지만 오직 한 명이 박수를 쳐주는 것만으로는 과시욕이 심한 사람을 만족시킬 수 없다. 그들은 더 많은 관객을 원한다. 더 많은 인정과 관심을 받고 싶어 한다. 인정과 관심에 목말라 있는 그들을 만족시키기 위해서는 더 많은 관객을 끌어올 필요가 있다. 그런데 더 많은 관객을 어떻게 구할 수 있을까? 방법은 간단하다. '관찰자 효과'로 가상의 인물을 섭외하면 된다.

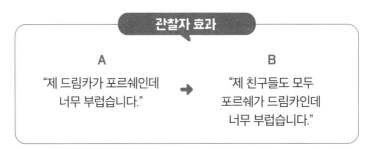

예를 들어 고급 스포츠카를 자랑하는 상대의 과시욕을 충족시켜주고 싶다면, A보다는 B와 같이 말하는 것이 좋다. "제 친구들도~"라는 문장으로 가상의 관객을 섭외하여 칭찬하면 효

과는 배가 된다. 왜냐하면 칭찬해준 사람은 한 명이지만, 정작 상대방은 은연중에 다수의 사람에게 인정받은 기분을 느끼기 때문이다.

💬 청개구리 효과

인간은 무언가를 강요받는 기분이 들면 괜히 더 하기 싫어진다. 반대로 하지 말라고 하면 왠지 더 하고 싶어지는 심리가 있다. 이러한 심리를 이용하면 과시욕이 심한 사람을 내 뜻대로 행동하게 만들 수 있다.

예를 들어 자신의 재력을 과시하는 사람이라도 그에게 비싼 선물을 사달라고 강요하면 그의 지갑은 굳게 닫힐 것이다. 하지만 오히려 가격을 운운하며 "이건 비싸서 안 된다."라고 먼저 제한을 둔다면, 상대방은 오히려 "내가 누군데 까짓 거 안될 거 있나?" 하는 청개구리 심보가 생긴다.

'관찰자 효과'와 '청개구리 효과'는 내가 이용할 수도 있지만, 모르면 내가 당할 수도 있기 때문에 알아두는 것이 좋다. 원래 최고의 공격은 방어라는 말도 있지 않은가?

우리 모두는 인간이기 때문에 어느 정도 과시욕이 있다. 만약 누군가가 당신의 과시욕을 이용하여 본인이 원하는 것을 얻고자 한다면, '관찰자 효과'와 '청개구리 효과'를 떠올리며 현명하게 대처하길 바란다.

그래서 결론

☑ 인간의 과시욕을 이용하는 두 가지 방법
① "제 친구들도"라는 말로 가상의 인물을 섭외하여, 다수의 사람에게 인정받는 기분이 느껴지도록 한다.
② 무언가를 강요하기보다는 오히려 제한을 둔다.

다 내 편으로 만드는
기적의 처세술

살다 보면 다양한 인간 군상과 마주한다. 나에게 호의적인 사람, 나에게 무관심한 사람, 이유 없이 나를 미워하는 사람, 나와 경쟁하려는 사람 등 정말 다양한 사람이 각자의 방식으로 나를 대한다. 이번 챕터에서는 상대가 나를 어떻게 생각하든, 다 내 편으로 만드는 기적의 처세술을 알아보겠다.

💬 사소한 부탁

상대와 경쟁하기보다는 사소한 부탁을 하라. 평소 우리는 타인에게 부탁하기를 힘들어 한다. 자존심이 상하거나, 상대가 불편해할까 봐 부탁하기를 꺼린다. 물론 다소 부담스러운 부탁을 한다면 자존심이 상하고, 상대도 불편해할 수 있다. 하지만 사소한 부탁은 오히려 상대와 나의 관계를 돈독하게 만드는 효과가 있다.

인간은 타인에게 도움을 주면서 자존감을 느끼는 존재이다. 타인에게 도움을 받기보다는, 도움을 주는 존재가 되고 싶어 한다. 왜냐하면 누군가 나에게 도움을 구한다는 것은 내가 '필요한 존재'라는 사실을 인정받는 셈이기 때문이다.

만약 누군가 당신을 이유 없이 싫어하거나 굳이 경쟁을 하려 든다면, 괜한 자존심 대결을 하지 말자. 대신, 상대에게 사소한 부탁을 해보라. 이는 상대가 나에게 필요한 존재, 즉 그만큼 상대가 가치 있는 존재라는 의미를 담고 있다. 그렇기 때문에 상대방은 당신에게 호의적인 태도를 보일 것이다. 자신의 가치를 인정해주는 사람에게 불친절할 이유가 없기 때문이다. 이러한 처세술을 가장 잘 활용했던 인물 중 하나가 바로 미국 건국의 아버지 중 한 명인 벤저민 프랭클린Benjamin Franklin이다.

> **당신이 친절을 베푼 사람보다 당신에게 친절을**
> **베풀어준 사람이 앞으로도 계속 당신에게 친절할 것이다.**
>
> - 벤저민 프랭클린Benjamin Franklin -

벤저민 프랭클린은 정치적 라이벌을 자신의 편으로 만들기 위해 그에게 책 한 권을 빌려달라는 사소한 부탁을 했다. 프랭클린의 부탁을 받은 상대는 '무슨 꿍꿍이지?' 의아해하며 책을 빌려주었다.

일주일 뒤, 프랭클린은 감사의 편지와 함께 책을 돌려주었다. 그 뒤로 의회에서 마주친 두 사람은 매우 친근하게 대화를 나누었고, 이후에도 서로를 배려하며 끈끈한 우정을 이어나갔다.

쓸데없는 자존심 대결보다는 사소한 도움을 부탁하여 상대에게 '나는 누군가에게 필요한 존재'라는 만족감을 주는 것이 좋다. 사소한 부탁을 했다고 해서 내가 열등한 존재가 되는 것은 아니다. 그러니 마음 편히 사소한 도움을 요청하자. 진정으로 무서운 사람은 자신의 자존심을 잘 다룰 줄 아는 사람이다.

또한, 도움을 받았다면 최대한 정성껏 감사를 표현해야 한다. 상대가 '도와주길 잘했어'라는 뿌듯함을 느낄 수 있도록 진심으로 감사함을 전하자. 누구든 부담스럽지 않은 사소한 부탁이라면 흔쾌히 들어줄 것이다. 그리고 앞으로도 당신을 위해 친절을 베풀 것이다. 왜냐하면 내가 친절을 베푼 사람보다 나에게 친절을 베풀어준 사람이 앞으로도 계속 나에게 친절을 베풀기 때문이다.

그래서 결론

☑ 다 내 편으로 만드는 기적의 처세술
괜한 자존심 대결을 피하고 사소한 부탁을 해보자.
그리고 최대한 정성껏 감사의 표현을 한다.

어떤 잘못도
용서되는 사과의 정석

인간은 누구나 실수한다. 인생을 살면서 실수 한 번 안 해본 사람이 어디 있겠는가? 하지만 중요한 건 그 다음이다. 잘못을 저지르고 제대로 사과하지 않으면 아무리 가까운 관계라도 결국엔 틀어지기 마련이다. 이번 챕터에서는 웬만한 잘못은 곧바로 용서받을 수 있는 제대로 사과하는 방법을 알아보겠다.

💬 인·공·약 사과법 【 Admit · Empathize · Promise 】

내가 잘못해서 사과를 할 때는 문제의 원인을 상대에게 돌리지 않는다. 쉽게 말해, "미안. 네가 이렇게 화낼 줄 몰랐어."라고 사과하지 말라는 의미다.

이런 사과는 책임을 전가하는 인상을 준다. 왜냐하면 '나도 잘못했지만, 이렇게 받아들이는 너도 참 유별나다.'라는 의미가 담겨 있기 때문이다. 당연히 듣는 입장에서도 괜한 찜찜함을 느끼게 된다. 그렇다면 어떻게 해야 제대로 사과할 수 있을까? 방법은 간단하다. 딱 3단계만 기억하면 된다. 1단계, 인정하기. 2단계, 공감하기. 3단계, 약속하기. 그리고 각 단계의 앞글자만 따서 '인·공·약 사과법'이라고 부르겠다.

가장 먼저 해야 할 일은 인정하기다. 문제의 원인은 오로지 나에게 있음을 인정한다. 나쁜 의도로 한 행동이 아니더라도 피해를 주었다면 잘못을 인정해야 한다. 억울한 측면이 있을 수 있지만, 변명부터 하기보다는 일단 잘못을 인정하는 것이 좋다.

본인의 잘못을 인정했다면, 이제 상대의 분노에 공감해야 한다.
'이렇게까지 화낼 일인가?' 싶은 마음이 들더라도 공감하려는
태도를 가져야 한다. 원래 인간은 자기 중심적인 존재다. 만약
당신도 똑같은 상황을 겪었다면 분명히 화가 났을 것이다. 역지
사지易地思之의 마음으로 상대의 분노에 공감하자.

상대의 분노에 공감하는 것은 정말 중요하다. 상대는 자신의
분노가 제대로 전달되지 않으면 더욱 크게 화난 감정을 표출할
것이다. 그렇기 때문에 상대의 분노를 인정하고 그 분노에 공감
하는 자세가 필요하다.

끝으로, 같은 실수를 반복하지 않겠다고 약속한다. 상대도 우리와 똑같은 인간이다. 인간은 누구나 실수를 할 수 있다는 것을 상대방도 잘 알고 있다. 진실된 사과를 하고 두 번 다시는 같은 실수를 반복하지 않겠다고 약속하면, 분명히 상대방도 용서할 것이다.

힘들게 용서받았는데 같은 실수를 반복하면 신뢰가 완전히 무너진다. 한 번 무너진 신뢰를 되찾기란 쉽지 않다. 그러니 약속을 꼭 지키길 바란다. 잘못을 용서해준 소중한 인연을 다시 잃고 싶지 않다면 말이다.

그래서 결론

✅ **웬만한 잘못은 용서받을 수 있는**
제대로 사과하는 방법

문제의 원인을 상대에게 돌리지 않는다.
잘못은 오로지 나에게 있음을 인정한다.
그런 다음 상대의 분노에 공감하고,
다시는 같은 실수를 하지 않겠다고 약속한다.
다시 기회를 준 상대를 위해서라도 그 약속은 꼭 지킨다.

상대의 속마음을
꿰뚫어 보는 세 가지 방법

포커 플레이어가 상대의 패를 알고 있으면 게임은 쉬워진다. 인간관계도 포커와 비슷하다. 상대가 무슨 생각을 하는지 읽을 수 있다면 적절한 대응이 가능하기 때문이다. 특히 상대의 불편한 감정을 읽는 능력이 필요하다. 상대의 부정적인 시그널을 인지하여 적절한 맺고 끊음을 할 줄 알아야 한다. 이번 챕터에서는 상대의 불편한 속마음을 읽는 세 가지 방법을 알아보겠다.

💬 입술 오므리기

무언가 제안했는데 상대가 순간적으로 입술을 쭉 빼고 오므린다면, 이는 상대방이 당신의 제안이 마음에 들지 않는다는 신호로 해석할 수 있다. 예를 들어, 아직 어색한 상대에게 "점심으로 짜장면 어떠세요?"라고 물었는데 찰나의 순간 상대가 입술을 오므렸다가 피면서 "좋아요"라고 대답했다면, 당신의 제안이 마음에 들지 않을 가능성이 높다. 겉으로는 동의하는 것처럼 보여도 마음에 들지 않았던 것이다. 그러니 다른 대안을 제시해보는 것도 좋은 방법이다.

💬 눈을 가리는 행동

생존 메커니즘인 '눈 가리기'를 통해 인간은 정보를 검열하려는 본능이 있다. 쉽게 말해, 인간은 불편한 무언가를 보면 자신도 모르게 시야를 차단하여 정보를 차단하려는 본능이 있다.

만약 상대가 실눈을 가늘게 뜨거나, 눈썹을 만지며 눈을 가리거나, 아예 두 눈을 질끈 감는 등, 시야를 차단하려는 행동을 한다면 이는 상대가 불편한 감정을 느끼고 있다는 의미로 해석할 수 있다. 그러니 상대가 시야를 차단하는 행동을 한다면 무엇 때문에 불편한 감정을 느끼고 있는지 파악해 보길 바란다. 하지만 경우에 따라 '눈 가리기'는 자신감이 부족하다는 표시가 될 수도 있다.

💬 목걸이 만지기

쇄골 사이에 위치한 흉골상부오목suprastenal Notch 이라 불리는 천돌을 만지거나 쓰다듬는 행동은 무의식중에 스트레스를 진정시키고자 하는 행동이다.

직접적으로 천돌을 쓰다듬는 경우도 있지만, 여성의 경우 목걸이를 만지작거리며 불편한 감정, 불안감, 두려움, 걱정을 완화하려고 한다. 남성의 경우 셔츠 칼라를 펄럭이며 목 부분을 통풍시키거나 넥타이를 느슨하게 푸는 행동을 함으로써 무의식중에 스트레스를 완화하려고 한다.

그래서 결론

☑ **무의식 중에 불편한 감정을 표출하는**
비언어적 표현 세 가지

① 순간적으로 입술을 오므리는 행동.

② 실눈을 가늘게 뜨거나, 눈썹을 만지며 눈을 가리거나,
아예 두 눈을 질끈 감는 등 시야를 차단하는 행동.

③ 쇄골 사이에 위치한 천돌을 만지는 행동.

어딜 가서든 일 잘 한다는
소리 듣는 두 가지 방법

인간관계의 시작이 '매력'이라면, 인간관계의 마무리는 '일 처리 능력'이다. 아무리 인간적으로 매력 있어도 무능하면 외면받는다. 또한, 무능함은 자기 스스로 주눅들게 하는 힘을 가지고 있다. 그렇기 때문에 무능한 사람은 인간관계에서 소극적인 태도를 가지게 된다. 이처럼 매력만큼이나 일 처리 능력은 인간관계에서 굉장히 중요하다. 이번 챕터에서는 어디서든 일 잘한다는 소리를 들을 수 있는 일 처리의 기본 원리 두 가지를 알아본다.

⋯ 우선 순위 정하기

일을 시작하기 전에 꼭 해야 할 작업이 있다. 바로 우선순위를 정하는 작업이다. 내가 해야 하는 업무 중에서 중요한 업무부터 덜 중요한 업무까지 순서대로 정리한다. 그런 다음 중요한 업무부터 끝낸다. 왜냐하면 20%의 핵심 업무가 80%의 결과를 만들기 때문이다.

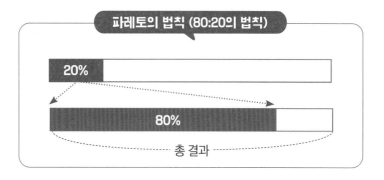

경제학자인 빌프레도 페데리코 다마조 파레토Vilfredo Federico Damaso Pareto의 이름을 딴 파레토의 법칙은 '80:20의 법칙'이라고도 불린다. 본래 파레토의 법칙은 인구의 상위 20%가 전체 부의 80%를 차지하고 있다는 경제 이론이다. 하지만 이 이론은 마케팅에서 투자에 이르기까지 거의 모든 분야에 적용되는 개념이다. 그리고 80:20의 법칙은 우리 인간의 생산성에도 적용된다.

인간이 창출하는 성과의 80%는 고작 20%의 핵심 업무에서 만들어진다. 다시 말해, 가장 핵심적인 20%의 업무만 완벽하게 수행해도 80%의 성과를 얻을 수 있다는 의미다. 선택과 집중을 해야 한다. 하지만 많은 사람이 비교적 덜 중요한 80%의 업무를 처리하느라 정작 가장 중요한 20%의 핵심 업무에 집중하지 못한다. 이것이 인간의 생산성을 저해하는 가장 큰 요인이다.

생산성을 높이기 위해서는 업무를 시작하기 전에 핵심 업무가 무엇인지 파악해야 한다. 가장 중요한 업무부터 덜 중요한 업

무까지 우선순위를 정한다. 그런 다음 핵심 업무부터 끝낸다. 중요하지는 않지만 급한 업무(혹은 급하다고 착각하고 있는 업무)는 잠시 미뤄 놓고, 우선 핵심 업무부터 처리한다.

핵심 업무부터 처리해야 하는 이유는 하루 동안 인간이 사용할 수 있는 에너지의 총량이 정해져 있기 때문이다. 가장 에너지가 넘칠 때 가장 중요한 업무부터 처리하는 것이 효율적이다. 덜 중요한 업무 때문에 창의적인 에너지를 낭비하지 말고 핵심 업무에 투자하는 것이 좋다. 하지만 직장 생활을 하다 보면 핵심 업무부터 작업할 수 없는 상황이 생긴다. 상사가 급하다는 이유로 당신에게 부탁하는 경우가 그렇다. 여유가 있다면 부탁을 들어주어도 좋다. 하지만 부탁을 들어주기엔 다소 부담스러운 상황이라면 단호하게 거절해야 한다. 그러나 거절을 잘 못하는 성격이라면, 바로 다음 챕터인 '상대의 부탁을 센스 있게 거절하는 방법'을 참고하길 바란다.

💬 멀티태스킹 금지

여러가지 업무를 동시에 처리하는 사람을 보면 어떤 생각이 드는가? 왠지 능력있어 보인다고 생각했다면 완전히 잘못 생각했다.

일 처리를 제대로 하고 싶다면 한 번에 한 가지 일에만 집중해야 한다. 왜냐하면 여러 가지 업무를 동시에 처리하면 '전환 비용'이 발생하기 때문이다.

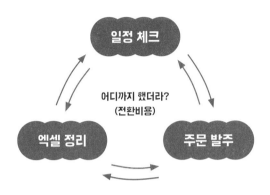

인간의 뇌는 한 작업에서 다른 작업으로 전환할 때마다 전환 비용이 발생한다. 전환 비용이란 새로운 업무를 시작할 때 이전에 무엇을 하고 있었는지, 어떤 생각을 했는지를 떠올리는 시간을 의미한다.

컴퓨터로 예를 들어보자면, 여러 가지 일을 동시에 처리하게 되면 '파일 불러오기'를 수시로 하는 상황과 같다. 물론 컴퓨터는 정보 처리 능력이 뛰어나서 문제가 없을 수 있다. 하지만 인간은 다르다. 인간은 잦은 전환 비용 때문에 업무 처리 속도가 느려지고, 정확도도 떨어진다. 따라서 일은 한 번에 한 가지씩 처리하는 것이 좋다.

한 번에 끝내기 어려운 업무라면 잠시 멈추고 다른 업무를
해도 좋다. 그러나 멈추고 다시 시작하는 것을 철저하게 해야 한
다. 정확하게 멈추고 다른 업무를 처리한 후, 다시 돌아와서 업
무를 이어가야 한다. 절대 한 번에 여러 가지 일을 멀티태스킹하
는 것은 피해야 한다.

✅ 어디서든 일 잘한다는 평가를 받는 두 가지 방법
① 우선순위를 정하고 핵심 업무부터 먼저 끝낸다.
② 멀티태스킹의 유혹에서 벗어난다. 일은 한 번에 하나씩 처리한다.

상대의 부탁을
센스있게 거절하는 방법

인간은 서로 돕고 도우며 살아간다. 도움이 필요한 누군가에게 도움을 주고, 내가 도움이 필요할 때는 도움을 받아 위기를 극복한다. 하지만 단지 거절을 못해서 억지로 부탁을 들어주는 것만큼 미련한 일은 없다. 상황이 여의치 않으면 단호하게 거절할 줄도 알아야 한다. 이번 챕터에서는 상대의 기분이 상하지 않도록 센스 있게 거절하는 방법을 알아보겠다.

거절하는 방법을 알아보기 전에 꼭 알아야 할 사실이 있다.

부탁에는 두 가지 종류가 있다. 첫째는 '큰 부탁'이다. 부탁하는 당사자도 힘들게 얘기를 꺼내고, 부탁을 들어주는 입장에서도 부담스러운 부탁이다. 둘째는 '작은 부탁'이다.

크고 작은 부탁 거절법		
큰 부탁		**작은 부탁**
생각할 시간 두기	**1단계**	즉시 거절하기
이유 설명하기	**2단계**	우선 순위 말하기
미안한 감정 표현하기	**3단계**	대안 말하기

　작은 부탁은 부담되지는 않지만, 다소 귀찮은 사소한 부탁이다. 이러한 크고 작은 부탁은 각각 다른 방식으로 거절해야 한다. 하지만 공통점이 있다면, 둘 다 3단계로 거절한다는 것이다. 그렇다면 큰 부탁을 거절하는 방법부터 살펴보자.

⊙ 큰 부탁을 거절하는 3단계 과정

1단계 생각할 시간 두기
상대도 용기를 내서 힘들게 말을 꺼냈을 것이다. 그렇기 때문에 그 자리에서 즉시 거절하기보다는 하루 정도 생각할 시간을 두는 것이 좋다. 예를 들어, 절친한 친구가 큰 금액의 돈을 빌려달라고 부탁한다면, 즉시 거절하기보다는 "혹시 하루만 생각해 봐도 될까?"라며 생각할 시간을 두는 것이 좋다. 여기서 주의할 점은 생각할 시간은 길지 않아야 하며 그 기한도 명확하게 말해야 한다.

상대의 부탁을 들어줄 수 없는 이유를 구체적으로 설명한다. 100%는 아니지만 상대방이 어느 정도 납득할 수 있다면, 부탁을 들어주지 않는데 대한 서운함은 어느 정도 사라질 것이다.

끝으로 도움을 주지 못한 미안한 마음을 전한다. 누군가에게 큰 부탁을 하는 일은 결코 쉽지 않다. 상대방도 자존심을 버리고 당신에게 부탁했을 것이다. 힘들게 말을 꺼냈을 상대에게 미안함을 표현한다.

💬 작은 부탁을 거절하는 3단계 과정

1단계 즉시 거절하기

작은 부탁은 그 자리에서 즉시 거절하는 편이 좋다. 거절 의사를 명확하게 하지 않으면 상대방은 당신이 부탁을 수락한 것으로 착각할 수 있기 때문이다. 따라서 거절 의사를 분명하게 전해야 한다.

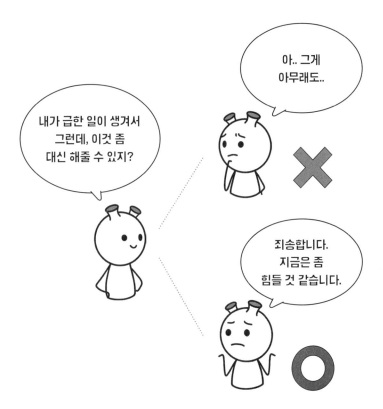

작은 부탁은 중요한 일이 아닐 가능성이 높다. 그렇기 때문에 현재 당신이 우선적으로 해야 하는 중요한 업무가 있음을 알린다.

> 왜냐하면 현재 진행중인 재계약 건에 집중을 해야되기 때문입니다.

융통성이 없어 보이는가? 전혀 그렇지 않다. 쓸데없는 업무를 떠안고서 이도저도 아닌 결과물을 내는 것보다는 훨씬 현명하다. 정말 융통성 있는 사람은 도움을 주더라도 본인의 스케줄과 체력까지 고려해서 도와준다. 억지로 도움을 주는 사람은 오히려 융통성이 없는 쪽에 속한다.

우선순위가 있기에 도움을 줄 수 없을 때는 대안을 제시한다. 예를 들면 다른 사람에게 도움을 요청하는 대안을 제시할 수 있다. 하지만 이런 대안이 양심에 찔린다면, 우선 중요한 업무를 끝낸 다음 도와줄 수 있는지 물어보는 방법도 좋다. 만약 상대가 정말 급하다고 하면, 당신이 현재 진행 중인 업무를 잠시 멈추고 그 부탁을 들어줄 수 있는 환경을 조성해 달라고 제안한다. 상대방이 실제로 환경을 조성해준다면 그때는 최선을 다해 도와준다. 정말 중요하고 급한 일이었을 테니 말이다.

혹자는 이렇게 생각할지 모른다. "이런 건 한국에선 통하지 않아. 괜히 거절했다가 상사한테 찍힐 거야." 정말 그럴까? 그렇지 않다. 거절을 못 해서 본인 스케줄 관리조차 못하는 사람은 그냥 '착한 바보'일 뿐이다. 정작 신뢰를 얻고, 중요한 직책을 맡는 사람은 거절할 줄 아는 사람이다.

물론 모든 부탁을 거절해야 한다는 의미는 절대 아니다. 인간은 서로 도와주고 도움을 받는 사회적인 동물이다. 하지만 타인을 도와주더라도 나의 핵심 업무에 방해가 되지 않도록 철저하게 스케줄을 정리한 다음에 도와주는 것이다.

또한, 타인의 부탁을 거절한다고 마음 약해질 필요는 없다. 부탁을 거절할 때는 그 사람을 거절하는 것이 아니다. 단지 그 사람의 부탁을 거절하는 것뿐이다. 그러니 죄책감 갖지 말고 무리하게 도와주려다 본인만 손해 보는 일이 없도록 해야 한다.

☑ 상대의 부탁을 거절하는 방법

1. 큰 부탁을 거절하는 3단계 과정

① 명확한 기한을 두고 생각할 시간을 둔다.

② 왜 부탁을 들어줄 수 없는지 구체적으로 설명한다.

③ 상대의 입장을 이해하고, 미안한 마음을 진심으로 전한다.

2. 작은 부탁을 거절하는 3단계 과정

① 그 자리에서 바로 거절 의사를 명확하게 전달한다.

② 현재 중요한 일이 있음을 상대에게 알린다.

③ 다른 대안을 제시한다.

평생 함께하고 싶은
사람의 두 가지 특징

인간관계는 휘발성이 강하다. 한때는 제법 친했던 것 같은데 어느새 아득히 먼 사이가 된 지인들. 우리는 새로운 인연을 만나고, 떠나보내기를 반복하며 살아가고 있다. 메신저 앱 친구 목록엔 먼지 쌓인 지난 인연들로 가득하다. 그런데 유독 쉽게 인연의 끈을 놓치고 싶지 않게 만드는 사람들이 있다. 과연 그런 사람들의 특징은 무엇일까? 이번 챕터에서는 평생 함께하고 싶은 사람의 두 가지 특징을 알아보겠다.

💬 낙천주의 vs 낙관주의

함께 있으면 늘 기분 좋은 사람의 특징은 성격이 긍정적이라는 것이다. 그런데 긍정적인 성격에도 두 가지 유형이 있다는 사실을 아는가? 낙천주의와 낙관주의. 언뜻 비슷해 보이는 이 둘은 '긍정성'이라는 공통점이 있지만 정반대의 성격을 가진다.

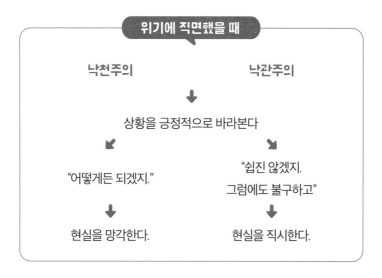

위기 상황에 직면할 때, 낙천주의자와 낙관주의자는 현재 상황을 긍정적으로 받아들인다는 공통점을 가진다. 하지만 낙천주의자는 문제의 심각성을 외면하고 "어떻게든 되겠지."라며 안일한 태도를 가진다.

반대로 낙관주의자는 현실을 직시한다. 본인이 좋지 못한 상황이라는 것을 잘 안다. 하지만 "그럼에도 불구하고"라는 마인드로 본인의 힘으로 위기를 극복할 수 있다고 믿는다. 그리고 행동한다. 부딪치고 또 부딪쳐 끝내 극복한다. 이러한 태도 차이가 낙천주의자와 낙관주의자의 가장 큰 차이점이다.

낙천주의자는 상대하기 까다롭지 않기 때문에 쉽게 가까워질 수는 있다. 하지만 낙천주의자에게 중요한 역할을 맡기거나, 평생 함께하고 싶은 정도의 매력까지는 느껴지지 않는다. 왜냐하면 신뢰감이 없기 때문이다. 한없이 가벼운 사람처럼 느껴진다.

낙관주의자는 다르다. 그들은 결코 가벼운 사람이 아니다. 강인하고 우직한 태도에 존경심마저 느껴질 정도다. 객관적으로 현실을 직시하되, 자기 자신을 믿고 앞으로 나아가는 사람. 그런 낙관주의자에게는 사람을 끌어당기는 힘이 있다.

만약 당신이 결혼 상대를 고르거나, 비즈니스 파트너를 선택해야 한다면, 어떤 사람과 함께하고 싶은가? 너무 현실적이어서 매사에 비관적인 사람? 아니면 늘 밝은 낙천주의자? 아니다. 부정적인 현실을 직시하되, 자신을 믿고 미래를 긍정적으로 바라보는 낙관주의자에게 끌릴 것이다.

💬 분노의 1차 감정

인간의 감정은 복잡하다. 열 길 물 속은 알아도 한 길 사람 속은
모른다. 만약 지인이 갑자기 화를 낸다면 어떻게 반응하겠는가?
똑같이 화를 내거나, 겁이 나서 진정성 없는 사과를 할 것이다.
하지만 타인의 마음을 헤아릴 줄 아는 지혜로운 사람은 상대의
'분노의 1차 감정'을 살펴볼 줄 안다.

사람이 화를 낼 때는 그 마음속에 1차 감정과 2차 감정이 존재한다. 1차 감정에는 슬픔, 불안, 걱정, 외로움, 후회, 미안함, 열등감, 실망감 등 다양한 감정이 포함된다. 1차 감정에서 제대로 해소되지 않은 감정들은 그대로 이어져 2차 감정인 분노로 발전한다.

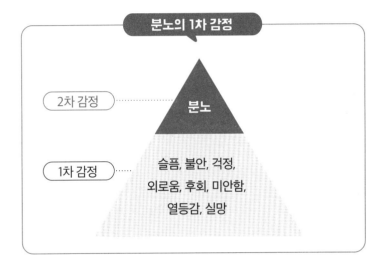

모든 분노의 저변에는 각자의 1차 감정이 깃들어 있다. 누군가는 열등감에서 비롯된 분노를 표출하고, 또 다른 누군가는 외로움에서 비롯된 분노를 표출한다. 때론 미안함에서 시작된 분노를 터트릴 때도 있다.

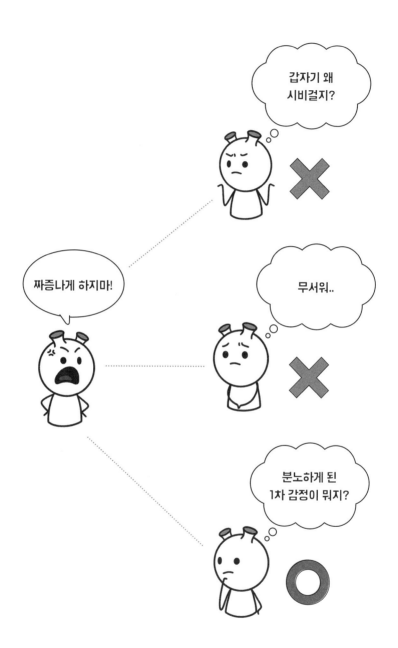

모든 분노의 저변에는 각자의 1차 감정이 깃들어 있다. 이때, 상대가 왜 분노하게 되었는지, 그 분노의 저변에는 어떤 1차 감정이 숨겨져 있는지 살펴볼 수만 있다면, 아직 해소되지 못한 상대의 1차 감정을 어루만질 수 있다. 물론 쉽지는 않다. 타인의 마음을 헤아리는 일은 쉬운 일이 아니다. 하지만 그럼에도 불구하고 분노의 1차 감정을 이해하려는 태도를 가지는 것만으로도 우리는 보다 더 성숙해질 수 있다.

타인의 감정에 쉽게 휘둘리지 않는 성숙한 사람은, 함께라면 뭐든지 할 수 있을 것 같은 마음이 들게 한다. 그러니 타인의 분노에 함께 분노하거나 주눅 들지 말고, 상대의 1차 감정을 살펴 성숙하게 대응하길 바란다.

그래서 결론

✅ **평생 함께하고 싶은 사람의 두 가지 특징**

① 위기 상황에서 "그럼에도 불구하고" 자신을 믿고 행동한다.

② 분노의 1차 감정을 살펴 상대의 근본적인 결핍을 이해한다.

3

멘탈 관리

내면의 힘을 키우는 방법
성숙한 내면이 만드는 인간의 매력

한 살이라도 어릴 때 꼭 알아야 할 사실

비슷한 조건을 가지고 태어났지만, 어떤 사람은 성공한 삶을 산다. 반면 또 다른 누군가는 그저 그런 별 볼 일 없는 삶을 살아간다. 같은 조건에서 시작했지만, 그들이 전혀 다른 삶을 살게 된 이유는 무엇일까? 이번 챕터에서는 한 살이라도 어릴 때부터 알아야 하는 성공의 비밀을 알아보겠다.

💬 양동이에 물 한방울 효과

문제의 규모에 압도당하면 인간은 아무런 행동도 하지 않으려 한다. 왜냐하면 내가 행동해 봤자 큰 의미가 없다고 생각하기 때문이다.

물이 가득 찬 양동이에 작은 물 한 방울을 떨어뜨리는 것처럼 나의 기여가 의미 없다고 느껴진다. 즉각적인 변화나 보상을 원하는 인간에게 거대한 양동이에 잔잔하게 일렁이는 작은 물 한 방울은 무언가 의욕을 불러일으키기에 충분하지 않다.

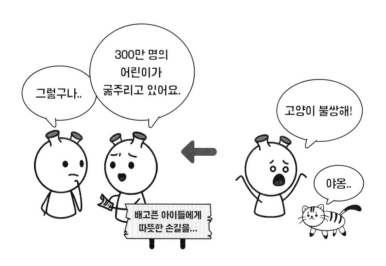

전 세계 300만 명에 달하는 어린이가 식량 부족 문제로 고통받고 있다. 굉장히 심각한 문제다. 그런데 대부분의 사람은 대수롭지 않게 생각한다. 왜냐하면 300만 명이라는 규모에 압도되기 때문이다. 내가 노력해 봤자 큰 의미가 없게 느껴진다. 하지만 굶주린 길고양이 단 한 마리는 다르다. 길고양이 한 마리에게는 나의 작은 기여도 큰 영향을 줄 수 있다. 그렇기 때문에 300만 명의 굶주린 아이들보다는 단 한 마리의 길고양이에게 더 큰 감정의 동요를 느낀다.

같은 이유로 우리는 저출산 문제, 연금 문제, 기후 변화, 식량 부족 문제를 대수롭지 않게 생각한다. 어차피 내가 노력해봤자 크게 달라질 게 없을 것 같기 때문이다. 거대한 양동이에 물 한 방울을 떨어뜨리는 것처럼 느껴진다. 그런데 이러한 심리는 사회 문제뿐만 아니라 우리의 인생에도 적용된다.

'나의 인생'이라는 거대한 양동이에 독서, 운동, 자기계발과 같은 노력은 큰 의미가 없게 느껴진다. 그래서 대수롭지 않게 생

각하고 애써 외면한다. 대신 단순한 오락거리를 찾는다. 왜냐하면 오락거리라는 작은 유리잔에서는 나의 작은 노력으로도 큰 파장이 일기 때문이다. 하지만 그러는 사이 '나의 인생'이라는 거대한 양동이는 서서히 오염되고 있다.

하지만, 당장은 파장이 일지 않더라도 인생이라는 거대한 양동이에 물 한 방울을 꾸준히 떨어뜨리는 사람이 되어야 한다. 독서, 운동, 자기계발. 이런 것들을 한다고 해서 당장 내일부터 달라지지는 않는다. 하지만 곧바로 달라지는 것이 한 가지 있다. 그것은 바로 정체성이다.

작은 물 한 방울이 우리의 정체성을 바꾼다. 선택은 자신의 몫이다. 당장은 보잘것없어 보여도 거대한 양동이를 관리하는 사람이 될 것이냐, 아니면 요란한 파장을 일으키는 작은 유리잔을 다루는 사람이 될 것이냐를 말이다.

그래서 결론

☑ 한 살이라도 어릴 때 알아야 하는 성공의 비밀

인간은 압도적으로 큰 문제를 대수롭지 않게 생각한다.
내가 노력해 봐야 달라지는 게 없다고 생각하기 때문이다.
하지만 당장은 미미해 보여도,
거대한 양동이에 물 한 방울을 꾸준히 떨어뜨리는 사람이
결국에는 본인이 원하는 성공적인 삶을 산다.

사는 게 힘든 당신이
모르는 한 가지 비밀

현실은 암울하고 미래는 전혀 그려지지 않는다. 일상이 비현실적으로 느껴지고, 나름 행복했던 과거만 그리워하고 있다. 만약 당신이 이런 기분을 느끼며 살아가고 있다면, 당신은 '끝을 알 수 없는 일시적인 삶'에 빠진 상태일지 모른다.

⊙ 끝을 알 수 없는 일시적인 삶

인류 최악의 수용소인 아우슈비츠 강제 수용소에서 살아 돌아온 정신과 의사 빅터 프랭클Viktor Frankl, Viktor Emil Frankl의 저서 《죽음의 수용소에서》는 '끝을 알 수 없는 일시적인 삶'에 빠진 사람들에 관한 이야기를 담고 있다.

일시적인 삶Provisional Existence이란 고통스러운 상황을 의미한다. 아무리 힘들어도 고난과 시련은 언젠가 끝이 난다. 일시적인 삶이다. 하지만 힘든 시간을 보내는 사람은 깊은 절망감에 빠진다. 왜냐하면 시련의 끝이 언제인지 알 수 없기 때문이다. 그 고통의 시간이 영원할 것처럼 느껴져 좌절한다.

어쩌다 내 인생이 이렇게 됐을까..

이 또한 지나가리라 생각하지만, 지금 나를 괴롭히는 이 시련의 끝이 도무지 현실적으로 와닿지 않는다. 하루가 길게 느껴진다. 하지만 일주일은 금방 지나간다. 나름 찬란했던 과거를 그리워하며 시간을 흘려보낸다. 시련이 인간에게 정신적으로 성장할 기회를 준다는 사실을 잊은 채 말이다.

독일 제국의 초기 수상 비스마르크는 말했다. "인생이란 치과의사 앞에 있는 것과 같다. 그 앞에 앉을 때면 최악의 통증이 곧 찾아올 거라고 생각하지만, 그러다 보면 어느새 기존의 통증까지 모두 끝나 있을 것이다." 치과의사는 우리에게 고통을 준다. 왜일까? 앓던 이를 치료해주기 위해서 고통을 주는 것이다. 우리의 인생도 똑같다.

(치과의사)

'끝을 알 수 없는 일시적인 삶'에 빠져 무기력해진 나를 구원할 수 있는 방법은 삶의 의미를 찾는 것이다. 치과의사가 준 고통의 의미를 깨닫는 것처럼 삶의 의미를 찾아야 한다. 아무리 견디기 힘든 삶이라도 그 속에서 의미를 발견해야 한다.

우리가 삶에 무언가를 바라는 것이 아니라, 삶이 우리에게 무엇을 바라는지를 생각해야 한다. 아무 조건 없이 풍족한 삶을 살게 해달라고 바라는 것이 아닌, 삶이 우리에게 무엇을 바라길래 이런 시련을 주는지를 생각해 봐야 한다. 이것이 곧 우리의 과제다. "작업을 완수한다"는 말처럼 "시련을 완수한다"는 마음으로 이를 수행하다 보면 그 과정에서 깨닫는 순간이 온다. 시련 속에는 무언가 성취할 기회가 숨겨져 있다는 사실을 말이다. 치과 의사가 왜 우리에게 고통을 주는지 아는 것처럼 말이다.

언제 끝날지 알 수 없더라도, 지금의 시련은 언젠가는 끝이 난다. 그리고 시련 속에는 나를 성장시킬 기회가 숨어 있다. 그 기회를 찾고 시련을 완수하는 것이 지금 우리가 해야 할 과제이다. 과제를 훌륭하게 완수한다면, 더욱 성장한 나와 마주할 것이다. 그리고 그토록 나를 힘들게 했던 일시적인 삶은 어느새 평생의 안주거리가 되어 있을 것이다.

그래서 결론

✅ 사는 게 고통스러운 당신이 꼭 알아야 할 사실
언젠가 시련은 끝난다.
당신이 해야 할 일은 절망도 좌절도,
신세한탄도 아니다.
시련 속에서 성장의 기회를 찾고 완수해야 한다.

자존감 높은 사람의
두 가지 특징

자존감은 인생의 기초이자 성공의 열쇠다. 자기 자신을 긍정적으로 바라보고 존중하는 마음가짐은 모든 도전과 성취의 원동력이 된다. 높은 자존감은 삶의 질을 향상시키고, 자신감을 북돋우며, 대인 관계에서도 긍정적인 영향을 미친다.이번 챕터에서 자존심이 강한 것을 자존감이 높다고 착각하는 '가짜 자존감'이 아닌 '진짜 자존감'이 높은 사람의 특징 두 가지를 알아보겠다.

💬 틀릴 권리

우리 모두에게는 틀릴 권리가 있다. 그러나 자존감이 낮거나, 가짜 자존감을 가진 사람은 스스로 당연한 권리를 포기한다. 인간은 누구나 실수한다. 내 생각이 틀릴 수도 있다. 왜냐하면 우린 신이 아니기 때문이다. 틀리면서 배우고, 배우면서 성장하는 존재가 인간이다. 모든 인간에겐 틀릴 권리가 있다. 하지만 그 권리를 행사할 수 있는 존재는 유일하게 '진짜 자존감'이 높은 사람이다.

자존감이 낮은 사람은 아무런 행동도 하지 않는다. 이는 자신이 틀릴지도 모른다는 두려움 때문이다. 일종의 방어기제인 것이다. 실수하기 두려워서 애초에 시도조차 하지 않는다면 발전은 없다. 실수하기를 회피하면, 늘 같은 수준에서 머물거나 결국엔 퇴보할 것이다.

가짜 자존감, 다시 말해 자존심만 강한 사람은 일단 행동까진 한다. 하지만 자신이 틀렸다는 것을 절대 인정하지 않는다. 왜냐하면 자존심이 상하기 때문이다. 그들은 '틀린 사람'이 될 용기가 없다. 그래서 자기 자신을 치켜세우기에 급급하다. 그들에겐 진정한 의미의 자존감은 없기 때문이다.

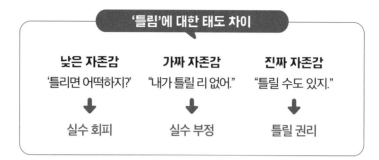

진짜 자존감이 높은 사람은 자신에게 틀릴 권리가 있다는 사실을 안다. 그리곤 그 당연한 권리를 행사한다. 그렇기 때문에 무언가를 시도하는 데 두려움이 적다.

만약 자신의 생각이 틀렸다고 해도 금방 인정하고, 이를 개선한다. 일단 틀려야 문제점을 개선할 기회가 생긴다. 그렇기에 성장 속도가 월등히 빠르다.

진짜 자존감이 높은 사람은 인간관계도 원활하다. 왜냐하면 틀릴 권리가 특권이 된 세상에서 그들이 특별한 존재처럼 보이기 때문이다. 사실은 당연히 가져야 할 권리임에도 불구하고 말이다.

⊙ 무아 無我

주변에 은근히 기분 나쁘게 말하는 사람이 한 명쯤은 있지 않은가? 딱히 악의가 있어 보이진 않지만, 그래도 기분이 상하는 것은 어쩔 수 없다. 만약 그런 상대와 마주친다면, 마음속으로 "내가 주인공이 아니다."라는 한 문장을 되뇌어 보자.

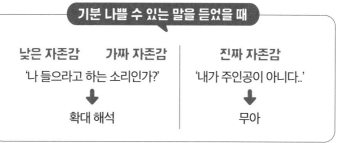

기분 나쁠 수 있는 말을 들었을 때		
낮은 자존감	가짜 자존감	진짜 자존감
'나 들으라고 하는 소리인가?'		'내가 주인공이 아니다..'
↓		↓
확대 해석		무아

불교 철학에는 존재의 세 가지 징표가 있다. 그 중 하나가 '무아'다. 무아란 고정된 실체가 없고, '나'라는 개념도 없다는 뜻이

다. 이게 무슨 말일까? 다소 어려운 철학 개념이다. 하지만 정말 간단하게, 상대가 하는 말을 굳이 확대 해석 하지 말라는 의미로 받아들여도 무방하다. 즉, 상대방이 나를 의식해서 말하는 것 같아도, 알고 보면 상대는 전혀 그럴 의도가 없을 경우가 많다. 그저 나 스스로가 확대 해석해서 기분이 상한 것뿐이다.

자존감이 낮은 사람이나, 가짜 자존감을 가진 사람들은 상대방의 말에 굳이 자신이 주인공이 되려 한다. 상대방이 자신을 겨냥해서 말했다고 생각하는 것이다. 하지만 자존감이 높은 사람은 굳이 그런 말을 확대 해석하지 않는다. 왜냐하면 상대의 말에서 주인공이 자신이 아닌 경우가 훨씬 많다는 사실을 알고 있기 때문이다. 설령 정말 자신을 겨냥해서 비꼬는 말을 하더라도, 그 말이 근거없는 비난이라면 굳이 자신이 주인공이라고 생각하지 않는다.

그래서 결론

☑ **자존감 높은 사람의 두 가지 특징**
① 자신에게 틀릴 권리가 있음을 안다.
② 상대방이 하는 말에 쓸데없는 의미부여를 하지 않는다.

열등감을 없애는
세 가지 방법

열등감은 보편적인 감정이다. 누구나 자신보다 뛰어난 누군가를 보면 자연스레 열등감이 생겨나기 마련이다. 물론 열등감이 긍정적인 역할을 할 때도 있다. 열등감은 발전 욕구를 일으키는 자극제가 될 수 있기 때문이다. 하지만 대부분의 사람에게 열등감은 자기 자신을 좀 먹는 만성적인 불행이다. 이번 챕터에서는 타인에 대한 질투심은 줄이고, 오히려 열등감을 생산적으로 활용하는 방법 세 가지를 알아보겠다.

💬 가까이 들여다 보기

세기의 영화배우이자 감독인 찰리 채플린Charles Chaplin은 그의
삶을 관통하는 명언을 남겼다. "인생은 멀리서 보면 희극이지만,
가까이에서 들여다 보면 비극이다." 겉보기에 화려해 보이는 사
람도, 가까이서 들여다보면 모두 착각인 경우가 많다. 겉보기에
화려해 보이는 사람을 부러워하고 질투하는 마음은 어찌 보면
'실체 없는 질투심'일 수 있다.

　인스타그램과 같은 SNS에는 화려해 보이는 사람들로 가득
하다. 평범한 삶을 사는 나와는 전혀 다른 삶을 사는 그들에게
부러움을 느끼곤 한다. 때로는 부러움을 넘어 열등감까지 느껴

지기도 한다. 그런데 이는 정말 부질없는 짓이다. 왜냐하면 SNS에서는 그들의 화려한 앞모습만 볼 수 있기 때문이다. 멀리서 본 앞면만 보고 쓸데없이 감정 낭비할 필요는 없다.

화려해 보이는 그들의 반짝거리는 앞면이 아닌, 뒷면까지 볼 수 있도록 노력해야 한다. 그들의 입장에서 어쩔 수 없이 따라붙는 불이익이 무엇인지에도 관심을 가져야 한다. 이는 그들을 깎아내리라는 말이 아니다. 화려하기만 할 줄 알았던 그들의 고충을 통해 내가 만들어낸 실체 없는 질투심을 줄여 보자는 의미다.

💬 미트프로이데 Mitfreude

타인의 행운을 그저 축하하는 데서 끝내지 않고, 그들의 기쁨을 함께 느끼려 적극적으로 노력하는 태도가 필요하다. 하지만 타인의 기쁨을 나의 기쁨처럼 느끼는 것은 결코 쉽지 않다. "사촌이 땅을 사면 배가 아프다"는 말도 있지 않은가? 타인에게 좋은 일이 생기면 은근히 질투나는 것이 당연하다. 하지만 이제부터는 노력해야 한다. 타인의 행운을 나의 행운처럼 느끼는 연습이 필요하다.

타인에게 좋은 일이 생겼을 때, 그들이 느낄 행복과 만족감을 상상해 보라. 이를 공감할 수 있다면 쓸데없는 열등감을 줄일 수 있을 뿐만 아니라, 상대와 깊은 유대감을 쌓을 수 있다. 단순한 축하는 누구나 할 수 있지만 금방 잊혀진다. 그러나 기쁨을 함께 나누는 것은 진정한 교감이다. 자신의 행운을 진심으로 함께 기뻐해 주는 누군가가 있다는 사실은 누구에게나 특별한 감정으로 다가온다.

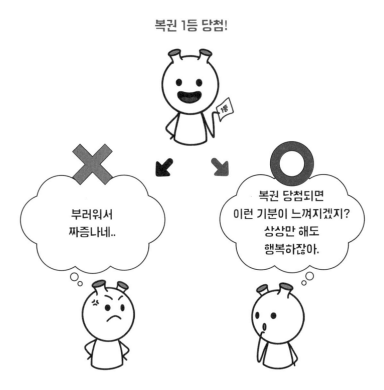

복권 1등 당첨!

부러워서
짜증나네..

복권 당첨되면
이런 기분이 느껴지겠지?
상상만 해도
행복하잖아.

💬 본보기 삼기

나보다 많은 것을 성취한 사람을 끌어내리기보다는, 나 자신을 그 사람과 같은 수준으로 끌어올리려 열망해야 한다. 이것이 가장 중요하다. 질투심과 열등감에 압도당하지 말고 이를 성장의 원동력으로 이용해야 한다. 하지만 질투심과 열등감을 성장의 원동력으로 삼는 것은 결코 쉬운 일이 아니다. 왜냐하면 '자기합리화'라는 귀신이 따라붙기 때문이다.

"저 사람은 능력 없는데 금수저라서 성공한 거야." "쟤는 외모 덕분에 잘 된 거지." "애초에 똑똑한 사람이잖아." 자기합리화는 편하다. 내가 노력하기보다는 타인이 성공할 수밖에 없었던 이유를 찾아서 핑계 대는 것이 쉽기 때문이다. 하지만 당신에게도 스스로를 한 단계 성장시킬 능력이 있다는 사실을 잊지 않길 바란다. 밑바닥에서 타인의 성공을 깎아내리며 자기 위안을 할지, 아니면 나 또한 높은 곳에서 새로운 세상을 살아갈지를 결정하는 것은 언제나 나의 몫이다.

그래서 결론

✔ 열등감을 줄이는 세 가지 방법
① 화려한 사람들의 반짝이는 앞면이 아닌, 뒷면까지 들여다본다.
② 타인의 행운을 나의 행운처럼 느끼려고 연습한다.
③ 질투심과 열등감을 성장의 원동력으로 이용한다.

이유없이 욕 먹을 때
멘탈 지키는 두 가지 방법

잘못한 것도 없는데 욕을 먹는 것만큼 억울한 일이 없다. 하지만 살다 보면 이유 없이 미움받고 손가락질 당하는 경우가 생긴다. 내가 잘못한 건 없지만, 상처받고 힘들어하는 것은 언제나 나의 몫이다. 이번 챕터에서는 근거 없는 비난에도 멘탈이 흔들리지 않는 두 가지 방법을 알아보겠다.

💬 죽은 개는 아무도 발로 차지 않는다.

청년 로버트 허친스Robert Maynard Hutchins는 고작 30세라는 어린 나이에 시카고 대학의 총장으로 취임했다. 그러자 나이 든 교육자들은 이 똑똑한 청년을 가만히 내버려 두지 않았다. "너무 어리다.", "경험이 없다.", "교육관이 삐뚤어졌다." 허친스를 향한 근거 없는 비난이 끊이지 않았다. 심지어 대형 신문사마저 공격에 가담할 정도였다.

그가 취임하던 날, 한 친구가 허친스의 아버지에게 말했다. "오늘 조간 신문에 아드님을 비판하는 사설을 읽고 깜짝 놀랐습니다." 그러자 허친스의 아버지는 대답했다. "그래? 비난이 좀 심했나 보군. 하지만 한 가지 사실을 명심하게. 아무도 죽은 개는 걷어차지 않는다는 사실을 말일세." 그렇다. 가치 없는 존재를 굳이 건드리는 사람은 없다. 가치 있는 존재이기 때문에 걷어차는 것이다.

중요한 존재일수록 그 사람을 걷어차는 사람은 더 큰 만족감을 느낀다. 누군가 당신을 억지로 깎아내리려 한다면, 이것만큼은 꼭 기억하길 바란다. 부당한 비난은 칭찬의 변형된 형태라는 사실을 말이다. 억지로 당신을 깎아내려야만 자기가 잘난 것 같은 느낌을 받기 때문에 근거 없는 비난을 하는 것이다. 만약 당신

이 아무것도 아닌 존재였다면, 그들은 신경조차 쓰지 않았을 것이다. 왜냐하면 죽은 개는 아무도 걷어차지 않기 때문이다. (물론 살아 있는 개도 걷어차지 말아야 한다.)

⊙ 낡은 우산이라도 쓰기

"무심코 던진 돌에 개구리는 맞아 죽는다." 누군가 무심코 한 행동 때문에 다른 어떤 이가 피해를 입는다는 뜻이다. 이 말을 달리 생각해보면, 개구리가 맞아 죽을 정도로 큰 피해를 입어도 정작 돌을 던진 사람은 고작 돌 하나 던진 것뿐이다. 다시 말해, 상처받은 사람은 죽을 정도로 힘들어도 정작 상처를 준 사람은 별 생각이 없었다는 의미다.

생각 없이 돌을 던진 사람이 문제의 원인이다. 하지만 그 돌을 맞고 죽을 것인지, 경미한 부상만 입을 것인지는 당하는 입장에서 결정한다. 무심코 누군가 돌을 던져도 내가 돌에 맞아 죽지 않기로 결정했다면 나는 다치지 않는다. 누군가 생각 없이 돌멩이를 던져도 아파만 하고 있지 말자. 낡은 우산이라도 꺼내 써야 한다. 돌멩이 비가 쏟아져도 절대 그 돌에 맞아 죽지 말아야 한다. 낡은 우산 속에서 내가 해야 할 일에 최선을 다하며 비가 잦아들 때까지 기다린다.

낡은 우산 속에서 끝내 무언가 결실을 맺어야 한다. 돌멩이가 무심코 날아들어도 무너지지 않고 내가 해야 할 일에 전념한다면, 놀라운 일이 일어날 것이다. 나를 향해 날아오던 돌멩이가 어느새 꽃송이로 바뀌어 있을 것이다. 손가락질하던 사람들은 언제 그랬냐는 듯 열렬한 찬사를 보낼 것이다. 왜냐하면 애초에 사람들은 돌멩이를 생각 없이 던지고 있었기 때문이다. 무심코 던진 돌에 철학과 신념 따위는 담겨 있지 않다. 그런데 그런 돌에 맞아 죽기엔 우리의 삶이 너무나 아깝지 않은가?

그래서 결론

✅ 이유 없이 욕먹을 때, 멘탈 관리하는 두 가지 방법

① 부당한 비난은 칭찬의 변형된 형태라는 사실을 되새긴다.
② 근거 없는 비난에 철학은 없다. 그저 무심코 던진 돌일 뿐이다.

걱정과 불안을 없애는
3단계 프로세스

어두운 산속에 당신 혼자 있다고 상상해 보자. 그런 순간에 당신을 공포에 떨게 만드는 대상은 무엇일까? 귀신일까? 괴한일까? 짐승일까? 아니다. 가장 공포스러운 존재는 무언가 있을지도 모른다는 당신의 상상력이다. 그곳엔 아무것도 없었다.

단지 상상력만 있었을 뿐이다.

우리가 일상 속에서 받는 스트레스도 상상력이 실체인 경우가 많다. 정말 불행한 일이 닥쳐서 스트레스를 받는 경우는 생각보다 적다. 그보다는 불행한 일이 생길지도 모른다는 상상, 즉 괜한 걱정과 불안감 때문에 스트레스를 받는 경우가 많다. 이번 챕터에서는 걱정과 불안감을 없애는 3단계 프로세스를 알아보겠다.

1단계 파악하기

걱정되어 불안감에 압도당하는 기분이 든다면, 가장 먼저 내가 무엇을 걱정하는지를 명확하게 파악한다. 왜냐하면 인간은 불명확함에 압도당하는 경향이 있기 때문이다. 만약 지금 눈앞에 바퀴벌레가 있는 것과 내 방 어딘가에 바퀴벌레가 있다는 상상 중에서 무엇이 더 소름끼칠까? 대부분은 후자가 더 소름끼친다고 답할 것이다. 왜냐하면 불명확하기 때문이다.

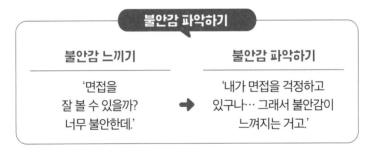

예를 들어 중요한 면접을 앞두고 있다면 불안감이 느껴질 것이다. 하지만 불안감을 느끼고 있지만 말고 파악해야 한다. 불안감도 명확하지 않을 때 더욱 위험한 법이다. 지금 내가 '무엇을 걱정'하고 있는지 생각한다. 그로 인해 내가 지금 불안감을 느끼고 있는 상태임을 의식적으로 파악한다. 그래야지만 걱정과 불안감을 통제할 힘이 생긴다.

2단계 분석하기

내가 무엇을 걱정하고 있는지 파악했다면, 이제부터는 그 걱정을 분석한다. 방법은 간단하다. 가장 먼저 '내가 해결할 수 있는 문제인가?' 이 질문에 답하면 된다.

걱정에는 두 가지 종류가 있다. 첫째는 내가 해결할 수 있는 걱정이다. 예를 들어 어린 자녀와 함께 장시간 비행하는 것이 걱정된다면, 이는 충분히 내가 해결할 수 있는 문제다. 아이가 가장 좋아하는 만화 영화를 준비하거나, 사전에 승무원과 다른 승

객에게 양해를 구하는 방법이 있기 때문이다.

둘째는 내가 해결할 수 없는 걱정이다. 예를 들어 어린 자녀와 장시간 비행을 하는데 항공기 추락이 걱정된다면, 이것은 내가 해결할 수 없는 문제다. 기상 악화 혹은 테러에 의한 항공기 추락 사고는 내가 예방한다고 예방할 수 있는 일이 아니기 때문이다.

내가 해결할 수 없는 문제는 깔끔하게 잊어버리는 편이 좋다. 정말 쓸데없는 걱정이기 때문이다. 하지만 그럼에도 불안감을 떨쳐 낼 수 없는가? 그렇다면 '평균율의 법칙'을 활용하여 내가 얼마나 부질없는 걱정을 하고 있는지를 숫자로 확인해 보길 바란다. 항공기 추락 사고를 당할 확률은 0.000032%라고 한다. 로또에 당첨될 확률과 비슷한 정도다.

3단계 **실행하기**

해결할 수 없는 문제는 굳이 걱정할 필요가 없다. 걱정해봐야 내가 할 수 있는 게 없으니 에너지 낭비다. 그러니 마음 편하게 운명에 맡긴다. 하지만 해결할 수 있는 문제는 다르다. 내가 노력한 만큼 대비할 수 있다. 나로 인해 결과가 달라진다. 그렇기 때문에 내가 걱정하는 그 상황과 마주하지 않기 위해서라도 대비책을 마련하고 실행해야 한다.

예를 들어 면접 볼 때 긴장할까 봐 걱정되는가? 중요한 시험에서 원하는 점수를 받지 못할까 봐 걱정되는가? 소중한 사람이 당신을 떠날까 봐 걱정되는가? 이는 모두 내가 해결할 수 있는 문제다. 쉽지 않더라도 불가능한 일은 아니다. 일단은 대비책을 마련하고 실행한다. 그렇게 실패 확률을 줄이고, 성공 확률을 높여야 한다. 우리는 충분히 잠재력을 가지고 있다. 나의 운명과 결과를 바꿀 능력을 가지고 있다. 하지만 행동하지 않고 쓸데없는 걱정만 하고 있으면, 결국엔 걱정했던 상황과 마주할 것이다.

그래서 결론

☑️ **걱정과 불안감을 없애는 3단계 프로세스**

1단계: 무엇을 걱정하고 있는지 파악한다.

2단계: 그 걱정을 내가 해결할 수 있는지, 없는지를 분석한다.

3단계: 내가 해결할 수 없는 문제라면 운명에 맡긴다.
하지만 해결할 수 있는 문제라면 행동한다.
걱정하는 상황이 오지 않도록 대비한다.

우울한 상대에게
힘이 되어주는 두 가지 방법

대한민국의 우울증 환자는 100만 명을 넘어섰다. 한국인의 우울증 발생률은 36.8% (2021년 기준)로 OECD 1위지만, 치료율은 최저 수준이다. 가장 우울하지만, 가장 치료를 받지 않는 나라. 우리가 사는 대한민국이다.

차가운 회색빛 나라의 사람들. 우리는 출구 없는 우울함에 빠진 세상에 살고 있다. 우리에겐 작더라도 서로 힘이 되어줄 수 있는 노란빛의 온기가 필요하다. 이번 챕터에서는 우울한 상대에게 힘이 되어주는 방법 두 가지를 알아보겠다.

💬 우울한 감정은 과거형으로

무의식 중에 우울한 상대에게 위안을 주는 상담법이 있다. 실제로 정신과 전문의들이 상담 중에 자주 사용하는 기법이다. 그 기법은 바로, 상대방이 우울한 감정을 내비치면 그 감정을 현재형이 아닌 과거형으로 고쳐 말하는 것이다. 단편적인 예시로, 상대가 "나 힘들어."라고 우울한 감정을 내비치면 "너도 많이 힘들구나."라고 현재형으로 말하는 것보다 "너도 많이 힘들었구나."라며 과거형으로 말하는 것이 좋다.

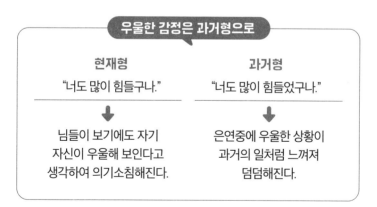

우울한 감정은 과거형으로	
현재형	**과거형**
"너도 많이 힘들구나."	"너도 많이 힘들었구나."
⬇	⬇
님들이 보기에도 자기 자신이 우울해 보인다고 생각하여 의기소침해진다.	은연중에 우울한 상황이 과거의 일처럼 느껴져 덤덤해진다.

우울한 감정을 현재형으로 받아주면, 상대방은 남들이 보기에도 자신이 우울해 보인다고 생각하여 더욱 의기소침해진다. 반대로 우울한 감정을 과거형으로 고쳐 말해주면, 은연중에 자신의 우울한 감정이 마치 과거의 일처럼 느껴진다. 그로 인해 현재 상황을 좀 더 덤덤하게 바라볼 수 있다.

💬 가정 칭찬법

칭찬만큼 상대의 우울한 기분을 완화시켜주는 방법은 없다. 칭찬은 상대의 자존감을 높여주는 특효약이다. 하지만 이미 자존감이 바닥난 상대에게는 칭찬이 통하지 않을 수 있다. 왜냐하면 자존감이 낮은 사람은 칭찬을 있는 그대로 받아들이지 못하기 때문이다. 그들은 스스로 자기 자신을 인정하지 않는다.

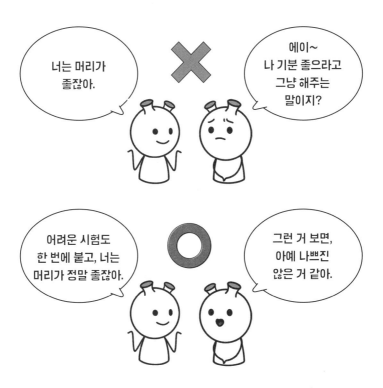

자존감이 낮은 상대를 칭찬할 땐, 최대한 구체적인 근거를 들어주는 것이 좋다. 명확한 근거 없이 칭찬하면 의심하기 때문이다. 예를 들어 상대가 어려운 시험에 합격한 경험이 있다면, '시험 합격'이라는 구체적인 근거로 칭찬한다.

하지만 가끔은 마땅한 칭찬거리가 없는 상대도 있다. 칭찬을 하고 싶어도 명확한 근거로 얘기할 무언가가 없는 사람이 있다. 그런 상대에게 억지로 칭찬하면, 칭찬하는 사람도 칭찬받는 사람도 머쓱해지기 마련이다. 하지만 그럼에도 '가정 칭찬법'을 활용하여 따뜻한 칭찬 한마디를 건네보자.

> ### 가정 칭찬법
>
> **"만약, 당신이 마음만 먹으면**
> **~를 할 수 있을 것이다."**
>
>
>
> 미래를 가정하는 칭찬법

지금 당장은 칭찬할 무언가가 없는 상대라도, '가정 칭찬법'은 미래를 가정하는 칭찬이기 때문에 얼마든지 얘기할 수 있다. 예를 들어 아무런 행동도 하지 않고 무기력한 나날을 보내는 사람이 있다면, "만약 네가 마음만 먹으면, 넌 분명히 잘할 수 있을 거야."라고 미래를 가정하는 칭찬을 해줄 수 있다.

칭찬 한 번에 당장 달라지는 건 없다. 여전히 상대는 칭찬을 온전히 받아들이지 않을 것이다. 하지만 늘 자존감이 부족했던 상대에게 칭찬은 변화의 씨앗이 될 수 있다. 칭찬도 빈익빈 부익부 성격이 강하다. 칭찬받는 사람은 늘 칭찬을 받지만, 칭찬받지 못하는 사람은 칭찬받을 일이 없다. 정작 칭찬의 효과를 가장 드라마틱하게 경험할 수 있는 존재가 그들인데도 말이다. 그렇기 때문에 당장은 칭찬을 해줄 근거가 부족한 상대라도 가정 칭찬법으로 따뜻한 칭찬을 건네보는 건 어떨까?

그래서 결론

☑ **우울한 상대에게 힘이 되어주는 두 가지 방법**
① 상대의 우울한 감정은 과거형으로 고쳐 말해준다.
② 칭찬거리가 없더라도 미래를 가정하는 칭찬을 한다.

만만해 보이는 사람의
사소한 습관

자신도 모르는 사이에 자기 자신을 만만한 존재로 만드는 사소한 습관이 있다. 은연중에 만만한 사람으로 비춰지고 싶지 않다면 꼭 고쳐야 할 습관이다. 이번 챕터에서는 자기 자신을 만만한 사람으로 만드는 습관이 무엇인지, 이를 개선하는 방법을 알아보겠다.

⋯ 도움받았을 땐, 죄송함 보다는 감사함

딱히 잘못한 건 없지만 형식적으로 사과하는 경우가 많다. 예를 들어, 바쁜 와중에 직장 선배에게 도움을 받았다면 "제가 시간을 뺏은 것 같아 죄송합니다"라고 말하곤 한다. 바쁜 선배의 시간을 뺏은 게 맞기 때문이다. 미안한 감정이 들 수 있다. 하지만 도움을 받았을 땐, 죄송하다는 말 대신 감사의 표현을 전하는 것이 좋다.

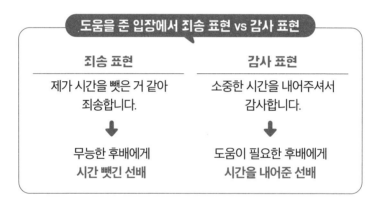

도움을 준 입장에서 **죄송 표현 vs 감사 표현**

죄송 표현	감사 표현
제가 시간을 뺏은 거 같아 죄송합니다.	소중한 시간을 내어주셔서 감사합니다.
⬇	⬇
무능한 후배에게 시간 뺏긴 선배	도움이 필요한 후배에게 시간을 내어준 선배

도움을 받은 게 잘못한 일인가? 아니다. 감사한 일이다. 그러니 무언가 도움을 받았다면 사과하지 말고 "소중한 시간을 내어주셔서 감사합니다."라며 감사의 표현을 건네야 한다. 이렇게 표현만 바꿔도 나의 자존감뿐만 아니라, 상대방의 자존감도 치켜세워줄 수 있다.

도움을 준 상대도 굳이 사과를 받고 싶어하지 않는다. 그보다는 감사의 인사를 받는 편이 훨씬 기분 좋게 느껴진다. 능력 없는 후배에게 괜한 시간을 뺏긴 선배보다는 나의 도움이 필요한 후배에게 귀한 시간을 내어준 선배가 되는 것이 좋기 때문이다.

꼭 기억하길 바란다. 죄송하다는 말은 정말 잘못했을 때만 사용해야 한다. 별거 아닌 일에도 습관처럼 죄송하다고 말하는 사람처럼 만만해 보이는 사람은 없다.

그래서 결론

☑ **은연중에 만만한 존재가 되지 않는 방법**

도움을 받았을 땐, 죄송하다는 말 대신에 감사함을 전한다.

작은 시련으로
나락 가는 사람의 특징

우리는 크고 작은 시련들을 겪으며 살아간다. 좋지 않은 일은 언제든 생길 수 있다. 어떤 이는 시련을 잘 극복한다. 그런데 또 다른 어떤 이는 시련과 마주하면 깊은 나락의 늪으로 빠져버린다. 같은 시련을 겪어도 어떻게 대처하느냐에 따라 피해를 입는 정도가 달라진다. 이번 챕터에서는 작은 시련도 크게 만드는 사람의 특징을 알아보겠다.

💬 시련의 1차 화살, 그리고 2차 화살

시련에는 1차 화살과 2차 화살이 있다. 우선 1차 화살은 이미 벌어진 사건이다. 엎질러진 물을 다시 주워 담을 수 없듯이 1차 화살은 내가 통제할 수 없는 시련이다. 하지만 2차 화살은 스스로가 활시위를 당긴 불행이다. 1차 화살의 고통으로 잘못된 행동을 하여 파생된 시련이다.

1차 화살은 이미 엎질러진 물이다. 타임머신을 개발하지 않는 이상 되돌릴 수 없는 불행이다. 예를 들어, 식당을 운영 중인 A씨가 투자 실패로 전 재산을 잃었다고 상상해 보자. A씨는 투자로 잃은 재산이 눈앞에 아른거렸다. 도저히 본업인 식당 운영에 집중할 수 없었다. 결국 그는 식당 운영에도 차질이 생겨 폐업하고 말았다.

A씨에게 투자 실패는 1차 화살이다. 이미 벌어진 일이고 통제권 밖에 있다. 하지만 A씨가 전 재산을 날린 고통으로 식당 운영에 소홀하여 폐업까지 한 것은 2차 화살이다. 2차 화살은 충분히 막을 수 있었다.

1차 화살을 맞았더라도 정신 차리고 식당 운영에 집중했다면 2차 화살까지는 맞지 않았을 것이다. 물론 후회되고 심란할

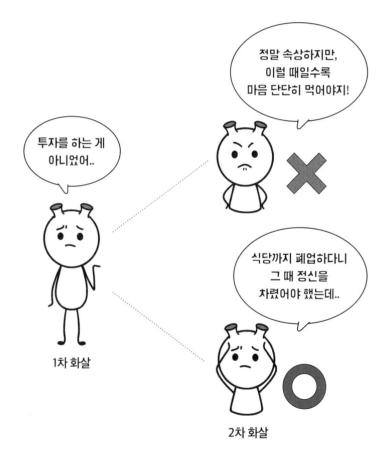

것이다. 하지만 과도한 자책은 더 큰 불행을 불러오는 단초가 될 수 있다. 쉽진 않겠지만, 그럴 때일수록 마음을 단단히 먹어야 한다. 자려고 누우면 계속 생각나고 답답한 마음에 가슴이 조여 오는 느낌이 들어도 정신 똑바로 차리고 이성적으로 행동해야 한다. 스스로 2차 화살의 활시위를 당기지 않으려면 말이다.

사람이 벼랑 끝에 내몰리게 되면 지푸라기라도 잡고 싶은 심정으로 판단력이 흐려지기 마련이다. 하지만 그럼에도 정신을 부여잡고 조금만 더 힘내길 바란다. 2차 화살에 비하면 1차 화살은 충분히 감당할 수 있는 작은 시련일 것이다. 훗날 2차 화살까지 맞고서 "1차 화살까진 괜찮았는데.."라며 뒤늦은 후회를 하지 않기 바란다.

그래서 결론

☑ **작은 시련으로 나락 끝까지 가지 않는 방법**
이미 벌어진 일 때문에 스스로 더 큰 재앙을 불러오지 않아야 한다.

판단력 좋아지는 방법

정신없고 스트레스를 받는 상황에서는 판단력이 흐려진다. 충분히 합리적인 판단을 할 수 있었음에도 불구하고 잘못된 선택을 한다. 왜 그런 판단을 했을까? 과거의 내 자신이 바보같이 느껴질 뿐이다. 이번 챕터에서는 아무리 정신없고 스트레스를 받는 상황에서도 차분하게 합리적인 판단을 할 수 있는 방법을 알아본다.

💬 스탑(S.T.O.P) 기법

의사들의 의사, 하버드 최고의 회복탄력성 전문가인 게일 가젤 Gail Gazelle박사가 고안한 위기 대처법인 스탑S.T.O.P 기법은 Stop, Take a breath, Observe, Praise의 앞글자를 따서 만든 용어다.

정신없는 상황에서 순서대로 우선은 멈추고Stop, 심호흡을 한 다음Take a breath, 제3자의 입장에서 자신이 처한 상황을 관찰하고Observe, 평정심을 유지하려는 자신에게 칭찬하면Praise 현명한 판단을 하는 데 큰 도움이 될 것이다.

1단계 멈춘다 Stop

일단 정지. 하고 있는 모든 일을 잠시 멈춘다. 혼란스러운 마음을 끊어내기 위해 잠시 '일시 정지' 버튼을 누른다. 정신없고 스트레스가 극에 달한 상황에선 생각이 생각을 물고 이어진다. 그럴수록 점점 더 큰 혼란에 빠진다. 이러한 흐름을 끊기 위해서라도 의식적으로 모든 생각을 잠시 멈출 필요가 있다.

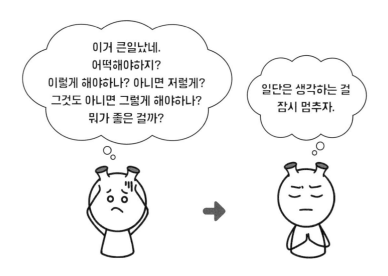

2단계 심호흡을 한다 Take a breath

머릿속의 소란한 잡음을 의식적으로 끊었다면 심호흡을 세 번
한다. 호흡의 감각에 집중한다. 깊게 숨을 들이마시고 내뱉는다.
몸의 속도가 늦춰지고 있음을 느낀다.

감정이 격해졌을 때 심호흡을 하면, 스트레스를 줄이고, 혈
압을 낮춰서 육체를 진정 상태로 유지해주는 '부교감신경'이 활
성화된다. 쉽게 말해서 심호흡은 언제나 긴급 처방이 가능한 신
경 안정제인 셈이다. 이러한 심호흡을 통해 의도적으로 몸의 속
도를 늦추고 마음의 안정을 되찾는다. 심호흡을 하는 방법은 다
음과 같다.

멘탈 관리

① 편안한 자세를 취한다.
② 코로 깊게 숨을 들이마셔 배에 공기를
　 채운다.
③ 참을 수 있을 만큼 숨을 참는다.
④ 입으로 공기를 천천히 내쉰다.

3단계 **관찰한다** Observe

유체이탈을 하듯 제3자의 입장에서 관찰한다고 상상한다. 자신이 처한 상황과 그 속에 있는 자신을 관찰한다. 위기 상황에서 이성적인 판단을 하기 쉽지 않은 이유는 그 일을 내가 겪고 있기 때문이다. 그러니 당신은 잠시 유체이탈하듯, 3인칭 시점으로 자기자신을 바라볼 줄 알아야 한다. 그러면 1인칭 시점일 때는 보이지않던 객관적인 시점이 생긴다. 원래 내 일은 해결 못해도 타인의일에서는 유능한 해결사가 되는 것이 우리 인간 아니던가?

칭찬한다 Praise

크든 작든 스스로에게 칭찬할 이유를 찾는다. 상황이 악화되지 않도록 기질을 발휘하려는 자신을 칭찬한다. 위기 상황에서 어리바리하지 않고 평정심을 유지하려 한 자신을 칭찬한다.

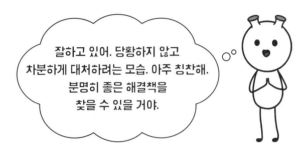

잘하고 있어. 당황하지 않고 차분하게 대처하려는 모습. 아주 칭찬해. 분명히 좋은 해결책을 찾을 수 있을 거야.

이 단계까지 수행했다면 당신의 상태는 달라져 있을 것이다. 혼란스러움은 어느새 사라져 있고, 그 자리에는 차분함이 자리 잡고 있을 것이다. 이제 맑아진 정신으로 스스로에게 합리적인 해결책을 제시한다.

 그래서 결론

☑ **정신없는 상황에서 판단력 좋아지는 방법**

Stop: 일단은 모든 생각을 멈춘다.
Take a Breath: 심호흡을 세 번 한다.
Observe: 제 3자의 관찰자가 되어, 자신이 처한 상황을 바라본다.
Praise: 차분하게 행동하려는 자기 자신을 칭찬한다.

사람 때문에
힘들어 하지 않는 방법

스트레스의 주된 원인은 사람이다. 왜냐하면 인간은 사회적인 동물이기 때문이다. 좋든 싫든 우리는 '어쩔 수 없이' 타인과 함께 살아가야 한다. 세상에는 좋은 사람도 많지만, 상식을 뛰어넘는 '빌런'도 무수히 많다. 상식이 통하는 사람들만 상대하며 살 수 있다면 좋겠지만, 우리는 빌런과도 함께 부대끼며 살아야 한다. 이것이 스트레스의 주된 원인이 사람인 이유다. 이번 챕터에서는 타인에게 상처받고 힘들어하지 않는 마음가짐에 대해 알아보겠다.

💬 타인은 현상이다

인간은 끊임없이 타인을 심판하고, 남들이 나처럼 생각하길 바란다. 다시 말해, 내 기준으로 타인을 바꾸고 싶어하는 것이 인간의 본성이다. '나였으면 이렇게 했을 텐데, 이 사람은 왜 그러지 않는 거지?' 우리는 타인이 내 기준대로 행동하지 않으면 스트레스를 받는다. 이는 괜한 에너지 낭비. 내 상식대로 타인이 행동해주길 바라기보다는 그저 타인을 하나의 현상쯤으로 생각하고 관찰하는 편이 정신 건강에 이롭다.

태양계 너머에 있는 행성을 연구할 때, 그 행성을 지구처럼 바꾸기 위해 연구하지 않는다. 이는 애초에 불가능한 일이다. 우리는 그 행성에서 어떤 현상이 일어나는지 탐구하기 위해 연구한다. 인간 관계도 똑같다. 미지의 행성을 탐구하듯 '이렇게 생각하는 사람도 있구나.' 하며 타인을 연구하듯 대하는 것이 좋다. 왜냐하면 타인이 내 기준대로 생각하고 행동해주길 바라는 것은 괜한 욕심이기 때문이다. 태양계 너머에 있는 행성이 우리의 지구처럼 바뀌길 바라는 마음처럼 현실성이 없는 공상이다.

나를 괴롭게 하는 누군가 있다면, 그 사람을 640광년 떨어진 적색 초거성 베텔게우스라고 생각하라. '이렇게 생각하고 행동하는 인간은 처음 보네?'라며 인간 데이터베이스를 축적한다고 생각하라. 태양계 너머의 먼 행성이 지구처럼 푸른 물과 깨끗한 공기, 적당히 따뜻한 온도를 가지고 있지 않다고 스트레스 받기에는 우리의 에너지가 아깝다. 쓸데없는 곳에 에너지를 낭비하지 말고, 사랑하는 이들에게 집중하라. 어차피 베텔게우스 행성은 조만간 알아서 파괴될 것이다. 나를 괴롭게 하는 그 인간 또한 언젠가는 알아서 사라질 것이다.

✅ 나를 힘들게 하는 사람을 대하는 방법

몰상식한 사람을 보며 스트레스 받을 필요없다.

그 사람은 나와 같은 사람이 아니다.

그저 머나먼 행성을 연구하듯 대하는 것이 정신 건강에 이롭다.

삶의 태도를 바꿔주는
사소한 질문

좋지 못한 환경에서도 한 걸음씩 성장해 나가는 사람이 있다. 하지만 반대로 살아갈수록 점점 더 도태되는 사람도 있다. 무엇이 그들의 차이를 만들었을까? 이번 챕터에서는 원하는 것을 무엇이든 이루어 내는 사람의 비밀을 알아보겠다.

💬 '왜?'라는 질문보단, '어떻게?'

코미디언이자 성공한 요식업 CEO인 고명환 씨에 따르면, 올바른 질문을 던져야 올바른 답을 찾을 수 있다고 한다. 물론, 우문현답愚問賢答이라고 어리석은 질문에도 현명한 답이 나오는 경우도 있다. 하지만 '발전하는 삶'에 있어서는 어리석은 질문에서 현명한 답이 나오는 경우가 거의 없다. 발전적인 삶을 살고 싶다면, 애초에 올바른 질문을 던져야 올바른 해결책이 나온다. 그렇다면 어떤 질문이 올바른 질문인 걸까?

> **'왜?'라는 질문보다는 '어떻게'라고 질문하기**
>
> | 나는 왜 이렇게 살이 잘 찌지? | ➡ | 어떻게 하면 살을 뺄 수 있지? |
> | --- | --- | --- |
> | 나는 왜 항상 돈이 없지? | ➡ | 많은 돈을 벌려면 어떻게 해야하지? |

　발전적인 삶을 살고 싶다면, '왜'라고 질문하기보다는 '어떻게'라는 질문을 던지는 게 좋다. 왜냐하면 '왜?'라는 질문에는 현재 처한 문제의 의문만 담고 있기 때문이다.

　'나는 왜 살이 잘 찌지?' '나는 왜 항상 돈이 없지?' 이런 질문은 그저 의문투성이일 뿐이다. 물론 문제의 원인을 발견하여 개선할 의도로 던지는 '왜?'라는 질문은 좋은 질문이다. 하지만 여기서 말하는 '왜?'는 신세를 한탄하기 위한 질문을 의미한다.

반면, '어떻게?'라는 질문에는 문제를 해결하기 위한 의지가 담겨 있다. 문제의 원인보다는 해결책에 초점을 맞춘다. 이는 신세 한탄만 하는 것이 아니라, 행동하게 만드는 질문이다. 작은 문제부터 큰 문제까지 '어떻게?' 그 문제를 해결할지 생각하는 사고의 전환이 필요하다.

문제를 어떻게 바라보느냐에 따라서 우리의 인생이 달라진다. 남 탓, 유전자 탓, 운 탓을 하면서 아까운 시간을 낭비할지, 아니면 문제를 해결하고 더 나은 삶을 향해 나아갈지, 언제나 선택은 나의 몫이다.

 그래서 결론

✅ 결국엔 원하는 모든 것을 이루는 사람의 태도

'왜' 이런 문제가 생겼는지 신세 한탄하기 보다는,
'어떻게' 문제를 해결할지에 초점을 맞춘다.

4

해석 남녀

남녀의 심리 탐험
서로 다른 생각의 간격을 좁히다

막말하는 남자
돌려 말하는 여자

직설적으로 말하는 남성 때문에 여성은 상처를 받는다. 반대로 돌려 말하는 여성 때문에 남성은 답답해한다. 도대체 왜 이런 갈등이 생기는 걸까? 이번 챕터에서는 남녀의 표현 방식이 어떻게 다르고, 왜 그런 차이가 생기는지를 알아보겠다.

🗣 직선적 언어

대체로 남성은 돌려 말하지 않고 직설적으로 말한다. 남성의 화법에 그런 특성이 생겨난 이유를 생존의 관점에서 살펴볼 필요가 있다.

　농경 사회가 시작되기 전, 조상 남성의 주 업무는 사냥이었다. 작은 실수 하나에 목숨이 왔다 갔다 하는 사냥터에서는 오해의 여지 없이 명확하고 간결하게 말하는 '직선적 언어'가 생존에 유리했을 것이다.

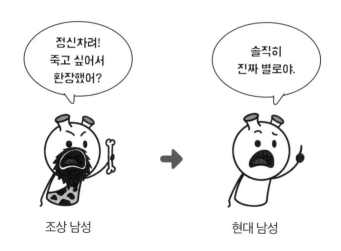

조상 남성 　　　　　　　　　현대 남성

주변에 맹수가 나타나면, 오해의 소지 없이 명확하게 전달해야 적절한 대처를 할 수 있다. 또한 정신을 못 차리는 동료가 있다면, 정신을 똑바로 차리도록 직설적으로 말해야 생존할 수 있었다. 그런데 만약 사냥터에서 말을 돌려서 하는 남성이 있었다면 어떻게 되었을까? 높은 확률로 맹수에게 잡아먹혀 후대에 유전자를 남기기 어려웠을 것이다.

직설적으로 말하는 남성이 높은 확률로 생존했고, 그 유전자가 후대로 이어져 현대 남성의 보편적인 특성이 되었을 것이다. 물론 현대의 삶에서는 직설적으로 말하지 않아도 생존엔 지장이 없다. 하지만 수백만 년 동안 형성된 특성은 쉽게 바뀌지 않는다. 그래서 현대 남성은 여전히 직설적으로 말하는 것에 익숙한 것이다.

♀ 우회적 언어

대체로 여성은 자신의 마음을 직설적으로 표현하지 않고 돌려 말한다. 여성의 화법에 이러한 특성이 생긴 이유도 생존의 관점에서 바라볼 필요가 있다. 여성은 상대방의 감정을 상하지 않도록 돌려 말하는 '우회적 언어'를 사용하는 것이 생존에 유리했을 것이다.

　농경 사회가 시작되기 전, 조상 여성은 부족민들과 아이들을 돌보며 공동체 생활을 하는 시간이 많았다. 공동체에서 외면당하는 것은 생존과 직결되는 문제였기 때문에, 여성은 감정이 상하지 않게 우회적으로 말하는 화법을 발달시켰을 것이다.

조상 여성　　　　　　현대 여성

　무리에서 외면당하지 않기 위해 조상 여성은 상대의 감정을 살필 필요가 있었다.
　직설적으로 말하기보다는 에둘러 말하는 '우회적 언어'를 구사하는 것이 생존에 유리했던 것이다. 그런데 만약 상대의 감정을 고려하지 않고 '직선적 언어'를 사용하는 조상 여성이 있었다면 어떻게 되었을까?

공동체로부터 외면받아 생존하기 어려웠을 것이다. 남성의 경우와 마찬가지로 직설적인 여성의 유전자는 후대로 이어질 확률이 낮았을 것으로 추측해 볼 수 있다. 그로 인해 우회적으로 말하는 조상 여성의 유전자가 현대 여성의 보편적인 특성이 되었을 것이다.

그래서 결론

☑ **남성은 직설적으로 말하고, 여성은 돌려 말하게 된 이유**

남성과 여성은 각자 생존에 유리한 언어를
사용했다는 관점으로 생각해 볼 수 있다.
사냥터에서는 명확하게 말해야 생존에 유리했고,
부족 공동체에서는 서로의 감정을 상하지 않게
에둘러 말하는 것이 생존에 유리했을 것이다.

남자와 여자의 대화가
통하지 않는 이유

대체로 남성은 여성과 대화할 때, 다소 정신이 없다고 느낀다. 왠지 대화를 따라가기 벅찬 기분이 들 것이다. 반대로 여성은 남성과 대화할 때 흐름이 끊기는 느낌이 들곤 한다. 이번 챕터에서는 남녀의 대화 방식에 어떤 차이가 있는지 알아보겠다.

👧 스텝 싱커

대부분의 남성은 한 가지 정보를 하나씩, 단계별로 처리하는 특성을 가지고 있다. 그렇기 때문에 남성은 비교적 한 가지 일에 몰두하면 다른 일에 신경 쓰기 쉽지 않다. 이러한 이유로 대화할 때도 남성은 동시에 여러 가지 주제를 이야기하기보다는 한 번에 한 가지 주제에 관하여 이야기하는 것을 선호하는 경향이 있다. 물론 모든 남성이 이러한 특성을 가지고 있는 것은 아니다. 일반화할 수는 없지만, 주변을 살펴보면 대체로 남성이 여성보다 대화 스타일이 단조롭다는 인상을 받았을 것이다.

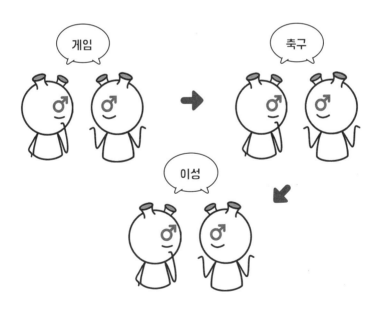

예를 들어, 남성이 '게임'에 관하여 대화를 나누고 있었다면, 주제가 바뀌기 전까지는 가급적 '게임'과 관련된 이야기만 나눈다. 그러다 다음 주제로 넘어가고, 또 다음 주제로 넘어가는 경향이 있다. 여성과 비교하여 대화 주제의 맺고 끊음이 분명한 편이다.

♀ 웹 싱커 【Web Thinker】

남성과 달리, 대체로 여성은 여러 가지 정보를 동시에 처리하는 능력이 뛰어나다. 물론 이 또한 일반화할 수는 없지만, 주변을 살펴보면 확실히 여성이 남성보다 동시에 정보를 처리하는 능력이 뛰어나다는 인상을 받을 것이다.

여성은 대화를 할 때 여러 가지 주제를 넘나들며 자유롭게 이야기를 나눌 수 있다. 그런 까닭에, 한 번에 한 가지 주제에 관하여 이야기하는 '스텝 싱커'인 남성에게 '웹 싱커'인 여성은 다소 정신없이 대화하는 상대처럼 느껴질 수 있다.

비유하자면 '대화'라는 아파트에서 남성은 계단을 이용하여 한 층 한 층 올라가는 존재다. 하지만 여성은 엘리베이터를 이용하여 1층에서 9층으로, 9층에서 5층으로, 5층에서 다시 1층을 들렀다가 최고층으로 갈 수 있는 존재다. 그러니 당연하게도 남성에게 여성은 따라가기 벅찬 대화 상대인 것이다.

그래서 결론

✅ 서로 다른 남녀의 대화 방식

대체로 남성은 단계별로 한 가지 주제에 관하여
대화하는 특성을 가진다.
하지만 여성은 동시에 여러 가지 주제로 대화를 나눌 수 있다.
이러한 소통 능력의 차이가 남녀의 대화를 방해하는
요소가 될 수 있다.

스킨십하려는 남자
거부하는 여자

연애 초반, 남성은 끊임없이 스킨십을 시도한다. 그에 반면 여성은 밀어내기 바쁘다. 여성은 "나 이러려고 만나?"라며 남성을 쏘아붙이기 시작한다. 과연 남성은 정말 스킨십 때문에 그녀를 만나는 걸까? 그리고 여성은 스킨십에 아무런 흥미가 없는 걸까? 이번 챕터에서는 스킨십에 관한 남녀의 생각 차이를 알아보겠다.

🔞 성적 과지각 편향　【Sexual overperception bias 】

대체로 남성은 자신에게 찾아온 성적인 기회를 놓치는 실수를 최소화하려는 본능이 있다. 그렇기 때문에 여성이 단순히 미소를 짓거나 어쩌다 팔만 스쳤을 뿐인데도, 그것을 일종의 성적인 신호로 해석하는 경향이 있다. 거듭 강조하지만, 이는 일반화할 수 없다. 하지만 그럼에도 연애 초반, 남성이 스킨십에 있어 혼자 착각하는 경우를 심심치 않게 볼 수 있을 것이다.

남성에게 성적 과지각 편향이 생겨난 이유는 번식의 관점에서 생각해 볼 수 있다. 남성이 성공적인 번식을 하기 위해서는 자신에게 찾아온 성적인 기회를 놓쳐서는 안 됐다. 그렇기 때문에 남성은 별것 아닌 여성의 행동도 일종의 성적인 신호로 받아들여 번식 기회를 놓치는 실수를 최소화하려던 것이다.

남성은 불이 나지 않았는데 울리는 고장난 화재경보기와 같다. 불이 났는데 울리지 않는 것보다는, 불이 나지 않았는데 울리는 경보기가 그나마 손실 피해가 적다. 왜냐하면 불이 났는데 경보기가 울리지 않으면 대응할 수 없기 때문이다. 반면에 불이 나지 않았는데 울리는 화재경보기는 시끄러울 뿐, 큰 피해를 입히지는 않는다. 같은 이유에서 조상 남성에게는 성적인 기회를 놓치는 실수를 하지 않기 위한 '성적 과지각 편향'이 생겼을 것이다.

머나먼 과거에는 번식이 일생의 목표였을 것이다. 하지만 현대에 와서는 번식을 인생의 목표로 삼는 남성은 많지 않을 것이다. 그럼에도 성적 과지각 편향은 수백만 년에 걸쳐 형성된 본능이다. 그로 인해 여전히 수많은 남성이 별것 아닌 일에도 혼자 착각하고 있을 것이다.

📍 헌신 회의 편향　　【 Commitment skepticism bias 】

대체로 여성은 남성이 자신에게 헌신하는 정도를 과소평가한다. 이러한 심리 기제는 자신과 잠자리를 갖기 위해 헌신을 거짓

으로 꾸며내는 남성을 걸러주는 '거름망 역할'을 한다

조상 남성은 많은 잠자리 상대를 원했다. 왜냐하면 자신의 유전자를 후대에 남기기 위해 최대한 많은 여성과 정사를 나누는 것이 유리했기 때문이다. 하지만 조상 여성은 그렇지 않았다. 왜냐하면 평생 동안 낳을 수 있는 자녀의 수가 제한적이었기 때문이다. 여성에게는 정사를 나누는 횟수가 중요한 것이 아니라, 어떤 남성과 정사를 나누느냐가 중요했다.

여성은 평생토록 자신만을 바라볼 수 있는 남성인지, 아니면 단순히 번식 욕구를 충족하기 위해 자신에게 잘해주는 남성인지를 구별할 줄 알아야 했다. 왜냐하면 여성이 홀로 임신하고 어린 자녀를 양육하는 것은 생존에 매우 불리했기 때문이다. 여성에게 남성의 헌신 정도를 의심하는 편향이 생긴 것은 본인과 자녀를 위한 안전장치였던 셈이다.

그래서 결론

☑ 스킨십을 바라보는 남녀의 생각 차이

남성은 별것 아닌 것도 '성적인 신호'로 받아들이는 본능이 있다.
하지만 여성은 남성의 헌신 정도를 과소평가하려는 본능이 있다.
그렇기 때문에 여성은 남성이 자신과 오직 스킨십을 하려고
만난다고 오해할 수 있다.

남성의 성적 판타지
여성의 성적 판타지

이 세상에는 다양한 성적 판타지가 존재한다. 하지만 큰 틀에서 보면 남성과 여성이 가지고 있는 보편적인 성적 판타지가 있다. 이번 챕터에서는 남녀의 성적 판타지가 어떻게 다른지, 그리고 주로 어떤 상대를 꿈꾸는지 알아보겠다.

🔵 남성의 판타지

대체로 남성의 성적 판타지에는 낯선 여인들이 등장한다. 새로운 여인으로 교체되는 주기도 빠르다. 심지어 때로는 동시에 여러 명의 상대가 등장하기도 한다. 남성의 판타지에는 정서적 교감보다는 '시각적인 이미지'에 초점을 맞추는 경향이 있다. 교감이 잘 되는 상대도 좋지만, 일단 눈에 보이는 즉시 매력적인 젊은 여성에게 성적인 끌림을 느낀다. 남성이 이러한 특성을 가지는 데에는 그들의 신체적 특징을 고려해볼 필요가 있다. 남성은 평생 동안 번식이 가능하며, 동시에 여러 명의 자녀를 가질 수 있다. 번식 능력이 뛰어난 여성 파트너가 있다면 말이다.

번식의 관점에서 남성의 신체적 특징

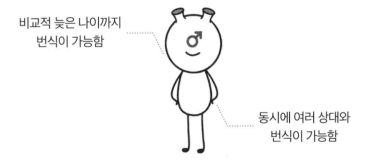

비교적 늦은 나이까지 번식이 가능함

동시에 여러 상대와 번식이 가능함

성공적인 번식의 관점에서 보면, 남성은 최대한 많은 여성과 관계를 가지는 것이 유리했다. 또한, 상대 여성의 번식 능력이 뛰어날수록 더욱 유리하다. 그렇기 때문에 조상 남성들은 여성의 번식 능력을 가늠할 수 있는 기준이 필요했다. 즉, 어떤 여성이 건강한 아이를 출산할 수 있을지 알아보는 눈이 필요했던 것이다.

여성의 번식 능력을 가늠할 수 있는 가장 쉬운 방법은 '젊음'이다. 왜냐하면 젊은 여성이 그렇지 않은 여성보다 건강한 아이를 낳을 확률이 높기 때문이다. 전 연령대 남성은 20대의 가임기 여성을 선호한다. 또한, 대체로 남성은 배가 불룩하게 나온 여성을 선호하지 않는다. 이는 배가 나온 여성이 임신한 여성과 구별되지 않기 때문이다. 임신한 여성은 현재 번식 능력이 없음을 뜻한다. 따라서 남성은 여성의 잘록한 허리에 매력을 느낀다. 물론 여성 또한 배가 나온 남성을 기피한다. 왜냐하면 과도하게 배가 나온 남성은 운동 능력이 떨어지고, 건강하지 않기 때문에 안정적으로 가정을 부양하지 못할 확률이 높기 때문이다.

남성이 여성에게 매력을 느끼는 기준은 상당 부분 번식 가능성에 초점이 맞춰진 듯하다. 현대에 와서는 번식의 중요성이 과거만큼 크지 않지만, 수백만 년에 걸쳐 형성된 본능은 여전히 엄청난 영향력을 가진다. 물론 남성의 판타지가 현대의 기준에선 다소 비윤리적으로 보일 수 있다. 하지만 과거 조상 인류가 종의 멸종을 막기 위해 선택한 일종의 생존 본능이라고 생각하면 어느 정도 납득이 간다.

♀ 여성의 판타지

대체로 여성은 이미 잘 아는 상대를 판타지에 등장시키는 경향이 있다. 그 상대는 짝사랑하는 사람일 수도 있고, 유명인일 수도 있다. 심지어 소설 속 캐릭터와 같은 가상의 인물일 수도 있다. 다만 공통점은 상대에 관해 이미 많은 정보를 알고 있다는 것이다. 왜냐하면 여성은 시각적인 이미지에만 끌리기보다는 상대가 자신에게 어떻게 반응하는지와 같은 정서적 교감에 끌리기 때문이다.

물론 여성도 단순 쾌락을 위한 일탈을 꿈꾸기도 한다. 상대의 외모도 남성만큼은 아니지만 매우 중요한 조건이다. 하지만 단순히 성행위만을 위한 판타지를 꿈꾸기보다는 그 속에서 이루어지는 교감과 감정, 안정감에 더 큰 끌림을 느끼는 편이다.

필자의 개인적인 생각이지만, 성性산업의 관점에서 보면 남성은 대체로 시각적인 영상물로 성인 콘텐츠를 소비하는 반면, 여성은 대체로 소설과 같은 텍스트 기반의 성인 콘텐츠를 소비하는 경향이 있는 것 같다. 이러한 차이가 생긴 이유는 남성은 시각적인 요소에서 성적인 끌림을 느끼고, 여성은 감정 교류적인 요소에 성적인 끌림을 느끼기 때문에 감정에 중점을 두는 성인 소설에 끌리는 것이 아닐까?

번식의 관점에서 여성의 신체적 특징

생애에 일정 기간에만 번식이 가능함

한 번에 한 명의 상대와 번식이 가능함

여성의 성적 판타지 또한, 여성의 타고난 신체적 특징에서 비롯되었다고 생각해 볼 필요가 있다. 여성은 평생 동안 번식할 수 있는 횟수와 기간이 제한적이다. 또한 임신한 기간 동안은 활동에 제약이 생긴다. 임신한 여성은 배우자의 보호가 없다면 절대적으로 생존에 불리하다. 그렇기 때문에 여성은 신원이 불분명한 남성보다는 이미 검증된 신뢰할 수 있는 인물에게 끌리는 경향이 있다. 그와 같은 이유로 유명인에게 섹시함을 느끼는 여성이 많다. 유명하다는 것은 사회적으로 성공했음을 의미하기도 하지만, 그가 신뢰할 수 있다는 증거가 되기 때문이다.

여성의 입장에서는 생애 동안 정해진 번식 기회를 무책임한 남성에게 주어 홀로 남겨지는 불상사를 피해야 할 필요가 있었다. 그렇기 때문에 성적인 판타지에서도 상대와 내가 정서적으로 교감을 나누는 로맨스에 끌림을 느꼈던 것이 아닐까?

남성과 여성이 모두 성공적인 번식이라는 공동의 목표를 가지고 있다. 하지만 남성과 여성이 가진 신체적 특징이 서로 다르기 때문에 다소 불편한 감정이 생겨났던 것은 아닐까?

그래서 결론

☑ 남성과 여성의 성적 판타지
번식의 관점에서 남성과 여성의 신체적 특징이 다르기에,
남성은 시각적인 요소에서 성적인 끌림을 느끼고
여성은 감정 교류적인 요소에서 성적인 끌림을 느낀다.

남성과 여성이
바람을 피는 이유

이 세상에 아름다운 로맨스만 가득하면 얼마나 좋겠지만, 인류사에서 불륜은 언제나 존재해 왔다. 도대체 배우자를 두고 다른 상대와 은밀한 관계를 형성하는 심리는 무엇일까? 이번 챕터에서는 불륜에 관한 남녀의 관점 차이를 알아보겠다.

⚢ 남성의 외도

남성의 불륜은 상당수가 다른 여성과 육체적 관계를 맺는 것에서 시작한다. 앞서 살펴봤듯이 조상 남성의 생존 메커니즘은 '번식'에 초점이 맞춰져 있다. 그리고 번식 확률을 높이기 위해서는 최대한 많은 여성과 관계를 가지는 것이 유리하다. 그렇기 때문에 남성은 사랑 없는 정사에 관대한 편이다. 하지만 남성이 오직 성적인 이유만으로 불륜을 저지르는 것은 아니다. 남성이 불륜을 저지르는 이유에는 다양한 요인이 있는데, 그 중 하나가 배우자에게 받지 못한 '인정'과 '존경'을 받기 위함이다.

남성을 움직이는 원동력은 인정과 존경이다. 하지만 배우자가 남성이 하는 모든 일에 참견한다면, 그는 의욕을 상실하고 만다. 사실 여성은 남성을 애정하기 때문에 그렇게 행동하는데, 남성은 배우자가 자신을 무시한다고 착각한다.

배우자의 인정과 존경을 받지 못하던 남성에게 어느 날, 다른 여성이 자신에게 인정과 존경을 표현하면 남성은 동요할 것이다. 가슴속에 꺼져 있던 불씨가 되살아나고, 다시금 활력이 생긴다. 늘 배우자에게 무시만 받던 자신이 누군가에게는 여전히 믿음직한 멋진 존재로 받아들여지는 기분에 남성의 마음은 흔들리기 시작할 것이다.

또한, 남성은 배우자의 불륜에 있어서 정신적 외도보다는 육체적 외도에 민감한 경향이 있다. 나의 아내가 다른 남성과 서로 좋아하는 감정을 느낀 것보다는 하룻밤의 육체적 일탈에 더 큰 불쾌감을 느낀다. 이는 남성에게 내 아이가 나의 유전자가 아닐 가능성이 존재하기 때문이다.

배우자가 다른 남성과 육체적 관계를 맺는다는 것은 자신의 유전자를 후대에 남기지 못할 위험이 크다는 것을 의미한다. 그뿐만 아니라, 자칫 잘못하면 다른 남성의 유전자를 양육하기 위해 평생 헌신해야 한다는 위험도 있다. 이러한 이유로 조상 남성은 배우자의 육체적 외도에 민감할 수밖에 없었다. 이런 이유로 현대의 남성도, 애인이 남자가 많은 술자리에 가면 혹시나 하는 마음에 유독 예민해지는 것이 아닐까?

♀ 여성의 외도

여성이 불륜을 저지르는 이유도 남성과 마찬가지로 다양하다. 단순한 쾌락으로 하룻밤의 일탈을 꿈꿀 수도 있고, 복수심에서 바람을 피우기도 하며, 때로는 금전적인 문제가 원인이 되기도 한다. 하지만 여성이 외도하는 이유 중 상당수는 배우자의 무관심에서 비롯된 외로움일 것이다.

여성에게 배우자의 관심은 매우 중요하다. 여성을 움직이게 하는 원동력은 '관심'과 '이해'이기 때문이다. 하지만 이 부분이 배우자에게서 충족되지 않으면, 여성 또한 남성과 마찬가지로 다른 상대에게서 결핍을 채우려 할지 모른다.

늘 배우자에게 관심과 이해를 받지 못하던 여성이 어느 날, 그녀를 이해해 주고 관심을 가져주는 누군가를 만나면 마음이 흔들리기 시작할 것이다. 왜냐하면 다시금 누군가에게 사랑받는다는 기분이 마냥 싫지만은 않을 것이기 때문이다.

여성은 배우자의 불륜에 있어서도 육체적 외도보다는 정신적 외도에 민감하게 반응하는 경향이 있다. 배우자가 다른 여성과 하룻밤의 불장난을 저지르는 것보다는 정서적 교감을 나누는 것에 더 큰 불쾌감을 느끼는 경향이 있다.

조상 여성은 생존을 위해 남성의 헌신과 자원이 필요했다. 여성이 임신하면 약 266일 동안 활동에 제약이 생기기 때문이다. 따라서 절대적으로 남성의 헌신과 경제적 뒷받침이 필요했다. 그런데 만약 배우자가 다른 여성과 정분을 나누게 되면 본인에게 와야 할 헌신과 자원이 외부로 새어나가게 된다. 이는 생존에 있어서 매우 좋지 않은 일이다. 그렇기 때문에 조상 여성은 배우자가 다른 상대와 육체적 관계를 맺었는지보다 정신적 교감을 나누었는지를 더 중요하게 생각했을 것이다. 이런 까닭에 현대의 여성도 길거리에서 애인이 다른 여자를 쳐다보는 것만으로도 질투심을 느끼는 것이 아닐까?

그래서 결론

✅ **불륜에 관한 남성과 여성의 생각 차이**

남성은 인정과 존경이 결핍될 때,
여성은 관심과 이해가 결핍될 때,
다른 상대에게서 그 결핍을 채우려 할 수 있다.
배우자의 불륜에 있어서는 남성은 육체적 외도에,
여성은 정신적 외도에 민감하게 반응하는 경향이 있다.

남자사용설명서

남자는 참 단순하다. 여성 심리학은 있지만, 남성 심리학이 없는 이유가 남성 심리학은 아동 심리학과 동일하기 때문이라는 우스 갯소리도 있을 정도다. 그만큼 남자를 다루는 방법은 정말 간단하다. 그들이 무엇에 반응하고, 무엇을 원하며, 무엇을 얻기 위해 행동하는지만 알아도 당신은 그들을 지혜롭게 다룰 수 있다. 이번 챕터에서는 남자를 움직이게 하는 세 가지 키워드를 알아보겠다.

남성의 주된 욕구는 타인의 신뢰를 얻는 것이다. 남성에게 그의 능력을 믿어주고 그가 해낼 수 있으리라 믿어주는 것만큼 강력한 동기부여는 없다. 어떠한 문제가 발생했을 때, 남성은 본인이 그 문제를 해결할 수 있음에 자부심을 느끼는 존재다. 그러니 다소 못미더운 구석이 있어도 굳이 조언하거나, 도움을 주려하기 보다는 그를 믿고 기다려줄 필요가 있다.

타인의 신뢰를 얻은 남성은 자신의 능력 이상의 결과를 만들 수도 있기 때문이다. 하지만 타인에게 신뢰받지 못하는 남성은 모든 의욕을 상실한다.

남녀를 불문하고 누구든 인정 욕구를 가지고 있다. 하지만 남성에게 있어서 '인정받음'은 더욱 특별한 의미를 지닌다. 몇몇 남성들은 아무런 대가 없이 위험한 도전을 즐긴다. "괜찮아. 안 죽어."라는 말을 남기고 높은 건물의 난간을 뛰어넘거나 절벽에서 다이빙을 한다. 도대체 그런 무모한 행동을 하는 이유가 뭘까? 다양한 이유가 있겠지만 대부분은 인정받기 위해서 하는 행동이다.

　　내가 얼마나 용기 있고 대담한 존재인지 인정받기 위해 목숨까지 거는 존재가 남성이다. 그만큼 남성에게 '인정받음'은 엄청난 동기인 셈이다. 그렇기 때문에 남성을 움직이게 하고 싶다면,

그들이 그토록 갈망하는 인정 욕구를 채워주면 된다. 자신을 인정해준 상대에게 실망스러운 모습을 보여주지 않기 위해서라도 남성은 기꺼이 행동할 것이다. 우리는 그가 무엇에 인정받고 싶어하는지를 파악하고, 칭찬으로 인정해주면 된다.

💬 찬성 【Support】

남성은 타인에게 찬성받길 원한다. 자신이 어떤 행동을 했다면, 거기에는 그럴만한 이유가 있을 거라고 지지받길 원한다. 이는 자신의 의견에 반대하는 사람 없이 순조롭게 일이 진행된다는 것이 막강한 권력을 가졌음을 의미하기 때문이다.

대부분의 남성은 그룹 내에서 자신의 영향력이 강하기를 원한다. 하지만 자신의 주장이 매번 거부당하면 무시받는다는 인상을 받게 된다. 그룹 내에서 자신의 영향력이 약하다고 느끼면 남성은 반항심이 생기거나 무력감을 느끼게 된다. 남성에게 책임감과 충만한 자신감을 주고 싶다면, 가능한 그의 의견을 존중하고 지지하는 것이 좋다.

💬 단순해서 어려운 남성의 심리

생각보다 남성의 심리는 단순해서 여성들이 남성을 이해하지 못하는 경우가 많다. 간단하게 남성을 믿어주고 인정해주며 지지해주면, 남성은 의욕적으로 변할 수 있다. 하지만 여성에게는 그것이 말처럼 쉽지 않을 수 있다. 왜냐하면 여성에게, 소중한 존재에게 참견하는 것은 일종의 애정 표현이기 때문이다.

여성은 특별한 관계일수록 모든 것을 공유하고 함께 하기를 원한다. 그래서 남성이 잘되기를 바라는 마음에 조언과 도움을 아끼지 않는다. 그러나 이러한 애정 표현은 오히려 남성의 자존감을 떨어뜨릴 수 있다. 많은 여성들이 이 사실을 모르고 있는 것 같다. 그러나 이는 여성만의 문제가 아니다. 왜냐하면 여성이 타인에게 바라는 세 가지 키워드가 있는데, 남성도 여성에게 다른 것을 주기 때문이다.

☑️ 남성을 움직이는 세 가지 키워드

① **신뢰**: 남성을 신뢰해준다면, 그의 의욕은 불타오를 것이다.

② **인정**: 단지 인정받기 위해서라도 남성은 기꺼이 행동한다.

③ **찬성**: 자신의 의견이 찬성받으면, 남성의 자신감과 책임감은 높아진다.

여자사용설명서

남성이 타인에게 받기 원하는 세 가지 키워드가 있듯이, 여성도 타인에게 받길 원하는 세 가지 키워드가 있다. 하지만 남녀는 서로가 원하는 것이 아닌, 자신이 원하는 것을 상대에게 주려고 한다. 이는 마치 강아지가 고양이에게 뼈다귀를 주고, 고양이가 강아지에게 생선을 주는 것과 같다. 이번 챕터에서는 여성을 움직이게 하는 세 가지 키워드에 대해 알아보겠다.

⚇ 관심

여성의 주된 욕구는 관심이다. 상대가 자신의 감정에 관심을 보이고, 행복을 바라는 모습을 통해 여성은 사랑받고 있음을 느낀다. 반대로, 여성은 상대방에게도 많은 관심을 기울인다. 만약 상대가 기분이 좋지 않아 보인다면 '왜 그럴까? 무슨 일이라도 있는 걸까?'라고 당사자보다도 더 심각하게 생각한다. 이처럼 자신이 상대방에게 관심과 애정을 많이 기울이는데 상대방이 자신에게 무심하다면, 여성은 서운한 감정을 느끼게 된다.

여성에게 관심은 곧 사랑의 증표다. 여성은 자신이 직접 말

하지 않아도 남성이 먼저 알아서 알아주길 바란다. 만약 남성이 자신에게 관심이 있다면, 아니 사랑한다면 충분히 알 수 있을 것이라고 생각한다. 그러나 이는 큰 착각이다. 명확하게 말하지 않

으면 남성은 절대 모른다. 사랑과는 별개의 문제다.

⚬⚬⚬ 공감 【 Empathize 】

여성은 자신이 겪은 상황과 그때의 감정을 상대가 이해하지 못하면 '단절감'을 느낀다. 그렇기 때문에 그녀를 이해하고 공감하는 태도가 필요하다. 하지만 여기서 말하는 이해는 "나는 이미 이해하고 있다"가 아니며, 공감은 "나도 너와 똑같은 감정을 느끼고 있다"가 아니다.

❌ **그건 네가 잘못한 거 같은데?**

❌ **나도 너랑 똑같은 생각이야.**

⭕ **충분히 그런 생각 할만 해.**

여성이 바라는 이해와 공감은 '아직은 잘 몰라도 이해하고 공감하려는 태도'를 말한다. 그녀의 의견에 동의하지 않아도, 이해관계를 따져가며 "너가 이상한 거야."라고 이성적으로 접근하지 말자. 그녀가 충분히 그런 감정을 느낄 자격이 있음을 인정해야 한다. 내 기준에서 이해되지 않더라도 굳이 잘잘못을 따질 필요는 없다. 그저 그녀의 감정을 인정하는 편이 좋다. 그녀가 충분히 그런 감정을 느낄 수 있다고 말이다. 이런 마음가짐을 가지는 것만으로도 여성의 단절감은 줄어든다.

💬 헌신 【 Devotion 】

여성은 소중한 상대에게 특별한 존재로 숭배되길 바라는 심리가 있다. 상대가 일이나 공부, 취미와 같은 다른 관심사보다 자신을 우선시하기를 바란다. 그런데 모순적이지 않은가? 여성은 본업에 충실한 남성, 즉 자기 일에 열정이 있는 남성을 선호한다. 하지만 동시에 일보다 자신이 우선시되기를 바란다. 이러한 모순된 본능이 생겨나는 이유는 무엇일까? 그 이유는 늘 그렇듯 '생존'에 유리하기 때문이다.

조상 여성은 힘 있는 배우자를 원했다. 운동 능력이 뛰어나거나, 무리에서 막강한 권력을 가진 남성은 위협으로부터 가정을 보호할 확률이 높았기 때문이다.

이미 가정을 보호할 능력이 있는 남성, 혹은 그런 능력을 갖출 확률이 높은 비전 있는 남성에게 여성이 끌리는 것은 어찌 보면 당연하다. 하지만 그런 능력 있는 남성과 결혼했다고 해도 배우자 남성이 가정에 헌신하지 않으면 말짱 도루묵이다. 그렇기 때문에 여성은 내 아이의 생존을 위해서라도, 능력이 있으면서 동시에 가정에 충실한 다정한 남성을 원하게 되었을 것이다.

✓ 여성을 움직이는 세 가지 키워드
① **관심**: 특별한 관계에선 관심은 애정의 증표이다.
② **공감**: 똑같은 감정을 느끼지 않아도, 여성의 감정을 인정한다.
③ **헌신**: 여성은 능력있는 남성의 다정함을 원한다.

남자를 위로하는 방법

감당하기 힘든 시련을 겪고 있는 남성에게 위안을 주고 싶다면 어떻게 해야 할까? 이번 챕터에서는 대부분의 여성이 모르는 남성에게 효과적인 위로법을 알아보겠다.

💬 혼자만의 시간

힘든 시간을 보내고 있는 남성을 위로해 주고 싶다면, 우선 그에게 혼자만의 시간을 주어야 한다. 대체로 남성은 감당하기 힘든 일이 생기면 '내면의 동굴'로 들어가려 한다. 그들에겐 혼자만의 시간이 필요하다.

여성은 그런 남성을 이해하지 못하는 경우가 많다. 왜냐하면 위기 상황에 처한 여성은 타인과 대화를 나눔으로써 우울한 기분을 떨쳐내고 위기를 극복할 힘을 얻기 때문이다. 이런 이유로 여성은 남성이 자신의 문제를 솔직하게 이야기하고 함께 위기를 헤쳐나가길 바란다. 하지만 남성은 실질적인 도움을 줄 수 있는 상대가 아니라면 가급적 타인에게 본인의 문제를 말하지 않는다. 그뿐만 아니라, 문제 해결에 몰두한 나머지 주변을 살필 여유가 없다. 물론, 그 주변에는 연인도 포함된다.

남성이 해결책을 찾기 위해 노력했지만, 결국 마땅한 해결책을 찾지 못하면 게임, 스포츠, 과속 드라이브와 같은 다소 과격한 취미를 즐긴다. 이는 아예 신경을 다른 곳으로 돌리기 위함이다.

여성은 동굴에 틀어박힌 남성을 보며 답답해하고 있었다. 가장 가까운 존재인 자신에게 마음을 열지 못하는 그를 이해할 수 없었다. 그런데 심각한 줄로만 알았던 남성이 아무렇지 않게 게임, 스포츠, 과속 드라이브 같은 취미활동을 한다. 그 순간, 여성은 자신이 아무것도 아닌 존재라고 착각하게 된다. 그를 위해 혼자 신경 쓰고 있던 자신이 바보가 된 기분이 든다.

남성이 본인의 문제나 고민거리를 속 시원하게 털어놓지 않는다고 해서 여성을 무시하는 것은 아니다. 이는 단지 그들이 스트레스를 해소하는 방식일 뿐이다. 그러니 약간의 인내심을 갖고 기다려주길 바란다. 그가 스스로 시련을 잘 극복하리라는 믿음을 주며 기다려 주자. 그러면 남성은 언제 그랬냐는 듯이, 금방 문제를 훌훌 털어내고 다시 동굴 밖으로 나올 것이다. 자신을 믿어주는 소중한 사람을 위해서라도 말이다.

✅ 효과적으로 남성을 위로하는 방법

혼자만의 시간이 필요하다.
스스로 문제를 해결하고 동굴 밖으로 당당하게 걸어나올 수 있도록
믿음을 갖고 기다려줄 필요가 있다.

여자를 위로하는 방법

남성은 자신의 방식대로 여성을 위로하려 한다. 하지만 이는 여성에게 위로가 되기보다는 오히려 감정을 상하게 하는 경우가 많다. 이번 챕터에서는 대부분의 남성이 모르는, 여성에게 효과적인 위로법을 알아보겠다.

💬 해결책을 제시하기보다 경청과 공감

슬픈 일, 화나는 일, 짜증나는 일. 대체로 여성은 부정적인 일이 생기면 타인과 대화를 나누며 위로를 받는다. 대화 자체가 위로의 핵심이다. 하지만 남성은 문제 해결에 집중한다. 마치 미션이라도 받은 듯, 여성이 겪고 있는 문제를 해결하는 데에 초점을 맞춘다. 왜냐하면 남성은 자신에게 소중한 존재가 불행하다고 느끼면, 본인 스스로를 실패자라고 생각하는 경향이 있기 때문이다. 소중한 상대에게 자신이 필요한 존재가 되지 못한다는 것은 남성에게 천천히 찾아오는 죽음과 같다. 그렇기 때문에 남성은 상대방이 직면한 문제를 해결해 줄 수 있는 '필요한 존재'가 되기를 갈망한다. 이런 이유로 남성은 언제나 해결사가 되려 한다.

여성을 위로하는 데 해결책을 제시하는 것은 효과적이지 않다. 해결책보다는 함께 있다는 느낌이 더 중요하다. 자신의 하소연을 묵묵히 들어주고 공감하려 노력하는 존재, 언제나 내 편이 되어주는 누군가가 곁에 있다는 사실이 가장 큰 위안이다. 냉철하게 잘못을 따져가며 앞으로 어떻게 행동해야 하는지 해결책을 제시하는 것보다 훨씬 효과적인 위로법은 경청과 공감이다.

여성의 문제를 해결해줘야 한다는 부담감을 내려놓자. 또한 그 문제를 해결해줄 능력이 없다고 자책할 필요도 없다. 왜냐하면 애초에 해결책을 바라고 하소연하는 것이 아니기 때문이다.

위로가 필요한 순간, 여성에게 가장 필요한 것은 언제나 내 편인 누군가가 곁에 있다는 기분이다. 물론, 그 다음에 실질적인 해결책까지 제시해 줄 수 있다면 더할 나위 없겠지만 말이다.

그래서 결론

✓ 효과적으로 여성을 위로하는 방법

해결책을 찾아줘야 한다는 부담감을 내려놔야 한다.
여성은 해결책을 바라고 말을 꺼낸 것이 아니다.
언제나 내 편이 되어줄 누군가가 곁에 있다는 사실이 더 중요하다.

🔖 참고도서

《가슴에 바로 전달되는 아들러식 대화법》, 도다 구미

《그림으로 읽는 생생 심리학》, 이소라

《누구와도 15분 이상 대화가 끊이지 않는 66가지 Point 》, 노구치 사토시

《뇌, 욕망의 비밀을 풀다》, 한스 게오르크 호이첼

《다 내 편이 되는 말하기》, 황시투안

《대화의 기술》, 안치

《데일 카네기 인간관계론》, 데일 카네기

《독이 되는 말, 득이 되는 말》, 쓰다 히데키

《모든 관계는 말투에서 시작된다》, 김범준

《밤을 새워 준비해 혼을 다해 말했더니 그래서 하고 싶은 말이 뭔데?라고 들었다...》, 다케오치 가오루

《설득의 디테일》, 제임스 보그

《설득의 심리학2》, 로버트 치알디니

《스틱》, 칩 히스, 댄 히스

《스피치가 두려운 당신, 어떻게 말해야 하는가?》, 박혜은, 신성진, 이상은

《시장을 움직이는 49가지 마케팅의 법칙》, 전연승

《심리학이 솔로몬을 이기는 77》, 주통

《어른의 문답법》, 피터 버고지언, 제임스 린지

《얼 나이팅게일 위대한 성공의 도구》, 얼 나이팅게일

《욕망의 진화》, 데이비드 버스

《이 책은 돈 버는 법에 관한 이야기》, 고명환

《인간 본성의 법칙》, 로버트 그린

《인류 최고의 설득술, 프렙》, 김은성

《죽음의 수용소에서》, 빅터 프랭클

《칭찬 심리학》, 나이토 요시히토

《하버드 회복탄력성 수업》, 게일 가젤

《호감을 주는 말의 힘》, 이토 아키라

《화성에서 온 남자, 금성에서 온 여자》, 존그레이

《화술 심리학》, 사이토 이사무

《FBI 행동의 심리학》, 조 내버로

《yes를 받아내는 비즈니스 화술》, 오쿠시 아유미

참고이론

《부분강화효과(Partial reinforcement)》

《메라비언의 법칙》

《프루스트 효과》

《에펠탑 효과》

참고자료

《패션 모델겸 워킹 강사, 이선기 씨와의 인터뷰》

《클래스101 : 놀심 - 1% 강한 멘탈, 나와 타인의 마음을 다루는 방법》

메디컬타임즈:
https://www.medicaltimes.com/Main/News/NewsView.html?ID=86868

이비인후과 전문의 목시경 유튜브:
https://youtu.be/3kEDHEtyyrE?si=9G2Ori7NZbhKJOUJ

EBS평생학교 한석준 아나운서 강의:
https://youtu.be/FWFN_sE2L3k?si=UBpugA7oeuYxUE5Z

그토록 힘들던 인간관계가
술술 풀리기 시작했다

초판 1쇄 발행 2024년 9월 17일
초판 5쇄 발행 2024년 10월 4일

지은이	이승렬
그림	장홍범
편집인	권민창
디자인	지완
책임마케팅	김민지, 정호윤
마케팅	유인철
제작	제이오
경영지원	백선희, 권영환, 이기경
펴낸이	서현동
펴낸곳	㈜오픈하우스
출판등록	2024년 5월 16일 제2024-000141호
주소	서울특별시 강남구 테헤란로 419, 11층 (삼성동, 강남파이낸스플라자)
이메일	info@ofh.co.kr

ⓒ 비치키 2024
ISBN 979-11-94293-00-2(03190)

마인드셀프는 ㈜오픈하우스의 출판브랜드입니다.